Schülertaktiken

Thomas Heinze

Urban & Schwarzenberg
München-Wien-Baltimore 1980

Anschrift des Verfassers
Dr. Thomas Heinze, Fernuniversität Hagen, Postfach 940, 5800 Hagen

CIP-Kurztitelaufnahme der Deutschen Bibliothek

Heinze, Thomas:
Schülertaktiken / Thomas Heinze. – München, Wien, Baltimore : Urban und Schwarzenberg, 1980.
([U-und-S-Pädagogik] U-&-S-Pädagogik)
ISBN 3-541-41101-5

 Umschlagentwurf: Dieter Vollendorf. Gesamtherstellung: C. H. Beck'sche Buchdruckerei, Nördlingen · Printed in Germany

ISBN 3-541-41101-5

Inhalt

Teil 1: Die Institution Schule und die besondere Situation Unterricht

Teil 2: Schülertaktiken als Versuch, Schule zu überleben

Teil 3: Schülertaktiken (Disziplin) als Gegenstand von Unterricht

Teil 1

Die Institution Schule und die besondere Situation Unterricht

1. Zur Einstimmung

„Jeder von uns hat eine beträchtliche Anzahl von Jahren in der Schule zugebracht. Jeder ist gewissermaßen ein Experte, wenn es um Schule geht. Wissen wir aber, was in der Schule tatsächlich geschieht? Setzt uns die intime Kenntnis der Schule in die Lage zu erkennen, was hier tagtäglich abläuft? Oder ist uns die Schule schon zu etwas so Selbstverständlichem geworden, daß wir gar nicht mehr zu einer kritischen Einschätzung fähig sind, weder die Schüler und Eltern, noch die Lehrer und Schulverwalter, von den Wissenschaftlern ganz zu schweigen?

Man stelle sich einmal einen unbefangenen Beobachter vor, der ohne jegliche vorherige Kenntnis unseres Schulwesens einmal zufällig einige Stunden in einer Schule zubrächte. Er würde aus dem Staunen nicht mehr herauskommen.

Ein Fabriken, Gefängnissen, modernen Wohnsilos ähnlich häßliches Gebäude. Lange Gänge, ockerfarben, Türen mit Zahlen, ein merkwürdiger (unverwechselbarer) Geruch von Reinigungsmittel, hochhängende Bilder (zumeist Landschaften oder ernstblickende Personen darstellend). Auf Haken Trauben von Jacken und Mänteln. Stille. Plötzlich eine penetrante Schelle. Türen fliegen auf, ein Sturzbach von Jungen und Mädchen ergießt sich durch die Gänge, die Treppen hinunter auf einen umzäunten Platz (vor oder hinter dem Gebäude). Ohrenbetäubendes Geschrei, Kinder fallen übereinander her, prügeln sich, jagen hin und her. Dazwischen hier und da ein Erwachsener, um sich blickend; er führt offensichtlich etwas im Schilde (er führt Aufsicht!), verschließt Türen, steht vor der Toilette, geht aber nicht hinein, hindert eine Schülergruppe am Verlassen des Schulhofes, so heißt der große Platz. Dann wieder die unüberhörbare Schelle. Alles drängt zurück in die Gänge und (numerierten) Räume. Aus einem (von außen nur mit einem Schlüssel zu öffnenden) Raum kommen mehrere Erwachsene, mit Taschen und Bücherpacken beladen, geschäftig, oft grimmigen und abgespannten Ausdrucks, sie verschwinden in den Räumen. Ruhe. Hinter den Türen: Gemurmel, der Erwachsene spricht laut, überdeutlich. Im Raum sitzen 20, 30, 40, 50 Schüler, oft hintereinander. Vorn (vor der Tafel), auf jeden Fall in beherrschender Stellung, der Erwachsene; er ist ohne Zweifel derjenige, nach dem sich alles richtet. Ab und zu heben die Schüler ihren Arm, dann sagen sie etwas. Es ist jetzt Ruhe, sagt der Erwachsene, wenn es laut ist; oder: die Bücher liegen auf dem Tisch, wenn sie in der Tasche stecken; und: alle passen auf, wenn offensichtlich niemand aufpaßt. Dann machen alle auf Kommando dasselbe, wühlen in den Taschen, schlagen alle das gleiche Buch auf. Jemand liest (sehr eintönig) etwas vor. In einem anderen (größeren) Raum stehen Kinder in einer Reihe, hintereinander springen sie über einen lederbezogenen Bock; eine andere Gruppe läuft im Kreis (1, 2, 3, 4, ... 1, 2, 3, 4,). – Dann wieder die Schelle, usw. ...“[1]

---

[1] Carol Hagemann-White/Reinhart Wolff: Wie's in der Schule wirklich aussieht. In: betrifft: erziehung, 8/1975, S. 30.

Wenn Sie die Eindrücke, Anekdoten, Bilder etc. aus Ihrer eigenen Schulzeit oder Beobachtungen aus dem Schulleben Ihrer Kinder Revue passieren lassen, dann werden Sie vermutlich eine Fülle von Details dieser – noch relativ allgemein gefaßten – Beschreibung des Schullebens hinzufügen können. Sie werden entweder an Hand von Beispielen Ihre Kritik an dieser Sichtweise zum Ausdruck bringen oder aber Konkretisierungen an dieser Darstellung vornehmen können. Dazu werden Sie an verschiedenen Stellen dieses Buches Gelegenheit haben.

Zunächst wollen wir Ihnen jedoch einen Überblick über den *Aufbau* und die *didaktische Konzeption* dieses Buches geben. Es gliedert sich in drei Teile und ist als Studientext konzipiert.

Im ersten Teil *„Die Institution ‚Schule' und die besondere Situation ‚Unterricht'"* wollen wir Sie mit dem sozialen Geschehen, das sich im Schulunterricht neben der Vermittlung der Unterrichtsinhalte abspielt, und mit den institutionellen Zwängen des schulischen Alltags vertraut machen. In Anlehnung an die Diskussion über den „heimlichen Lehrplan" sowie Überlegungen zu dem Unterschied zwischen „natürlichen" und „institutionellen" Lernsituationen stellen wir Ihnen zunächst (2. Kapitel) *Dimensionen* der *sozialen Situation ‚Unterricht'* vor, an Hand derer Sie Unterricht beobachten oder empirische Aussagen über Unterricht analysieren können. Über kulturanthropologische Aussagen zum „heimlichen Lehrplan" und Beispiele aus dem Schulalltag, in denen *Unterrichtswirklichkeit* in die Diskussion über den „heimlichen Lehrplan" in der Schule eingebracht wird, gewinnen Sie dann einen sinnlichen Eindruck von dem, was wir unter *sozialen Verkehrsformen* im Klassenzimmer verstehen.

Unser Interesse im dritten Kapitel gilt der institutionellen Charakterisierung von Schule und deren Folgen für die Schüler. Wir fragen, inwieweit es in der Schule Entsprechungen zur Welt der Insassen in sogenannten *„totalen Institutionen"*, also Zwangsorganisationen wie Gefängnis, Militär oder psychiatrische Klinik, gibt. Wir beschreiben die Anpassungsstrategien von Insassen „totaler Institutionen" und fragen nach Analogien zu den Anpassungsmechanismen von Schülern in der Institution Schule.

Im zweiten Teil *„Schülertaktiken als Versuch, Schule zu überleben"*[1] setzen wir uns mit „auffälligem" Verhalten von Schülern,

[1] Unter Taktiken verstehen wir die Methoden, die in einer einzelnen konkreten Situation eingesetzt werden, während mit Strategie der systematische

den sogenannten Disziplinproblemen, auseinander. Diese Disziplinprobleme definieren wir als *„sekundäre" Anpassungsstrategien,* mit Hilfe derer Schüler versuchen, Schule zu überleben, bzw. ihren Protest gegen die ihnen aufgezwungenen Bedingungen auszudrücken (4. Kapitel). Anschließend beschreiben wir im 5. Kapitel die Erscheinungsformen von Schülertaktiken und die Auswirkungen, die diese Taktiken aufs Unterrichtsgeschehen und die Schüler selbst haben.

Im dritten Teil *„Schülertaktiken als Gegenstand von Unterricht"* entwerfen wir ein Unterrichtsmodell *Disziplin* und drucken einen Erfahrungsbericht über die Verwirklichung eines solchen Modells im Schulunterricht ab. In diesem Unterrichtsmodell sind die Schülertaktiken Gegenstand eines erfahrungsoffenen Unterrichts (6. Kapitel).

Wenn wir Sie im folgenden gegenüber schulischen Zusammenhängen, Funktionen und Wirkungen „sensibilisieren" wollen, dann geschieht dies nicht unter der Annahme, daß jeglicher Schulalltag auch immer so sein muß. Vielmehr soll – in manchmal klischeehaft-typisierender Weise – ein ganz spezifischer Aspekt aus einer ganz spezifischen Perspektive betrachtet und so hoffentlich Ihr Blick geschärft werden gegenüber Erfahrungen, Beschreibungen und Analysen, die Ihnen „ins Haus" geliefert werden.

Wir bieten Ihnen vermutlich mit dem Modell „totale Institution" eine Kontrastfolie zu traditionellen Beschreibungen des schulischen Alltags an. Sie werden möglicherweise sich als Person mit Ihren subjektiv-biographischen Erfahrungen in dieser Charakterisierung nicht wiederfinden. Dies liegt sicherlich nicht nur an der möglichen „Ungenauigkeit" der Aussagen, sondern wahrscheinlich auch an der Unpersönlichkeit schulischer Bedingungen. Deshalb sind Sie – hoffentlich motiviert durch unsere weitgehend deskriptive Darstellungsform – an verschiedenen Stellen dieses Studientextes aufgefordert, *Ihre persönlichen Erfahrungen mit Schule* als Konkretisierung, Kontrast oder Illustration in die – aus analytischen Gründen vorgenommenen – idealtypischen Beschreibungen des schulischen Alltags einzubringen.

Dazu haben wir einige Aufgaben und Fragen an Sie gestellt. Wir bitten Sie, diese möglichst aspektreich und illustrativ zu be-

---

Gesamtplan aller Einzelhandlungen zu bezeichnen ist. Wir verweisen auf die ausführliche Darstellung in: Dieter Geulen: Das vergesellschaftete Subjekt. Zur Grundlegung der Sozialisationstheorie. Frankfurt 1977, S. 440f.

antworten bzw. zu bewältigen. Behandeln Sie die Aufgaben und Fragen unter den jeweiligen Stichworten. Sie können so verfahren, daß Sie eine erste Stellungnahme z.B. zu Frage 1, Stichwort: Verdammte Stinkfaulheit, bereits jetzt vornehmen. Nach Lektüre des gesamten Studientextes fallen Ihnen vermutlich weitere Gesichtspunkte zu diesem Stichwort ein. Diese sollten Sie dann Ihren bisherigen Ausarbeitungen hinzufügen. So können Sie prinzipiell mit den Aufgaben und Fragen in diesem Studientext umgehen. Betrachten Sie bitte diese Hinweise als das, was sie sind: als *eine* Möglichkeit des Umgangs mit dem Text.[1] Am Schluß des Buches stellen wir Ihnen – exemplarisch – Antworten zu den Stichworten einiger Übungsaufgaben vor. Als *Einstieg* in dieses Buch nehmen Sie bitte Stellung zu den folgenden „Ansichten und Einsichten eines gestandenen Gymnasiallehrers" sowie zu dem anschließenden Text von Martin Walser.

Verdammte Stinkfaulheit

Ansichten und Einsichten eines gestandenen Gymnasiallehrers

„Jeden Morgen, wenn ich in die mir zubestimmte Klasse komme, schaue ich jeden meiner 33 Schüler lange und langsam und sorgsam an. Wir stehen stumm voreinander, und wer ganz aufmerksam wäre, könnte unsere Gedanken unter einer gewaltigen Anstrengung stöhnen hören. Das mache ich so lange, bis die 45 Minuten der Schulstunde herum sind.

***

Ich stelle jede Frage nur einmal, dafür anschaulich und kurz. Schüler, die lange Antworten darauf hervorbringen, bekommen ein Ungenügend. Sie halten den Lernvorgang auf. Schüler, die kurze Antworten wissen, aber auf nicht damit übereinstimmende Fragen, erhalten ein Befriedigend. Sie haben immerhin die Schule begriffen.

---

[1] Schicken Sie bitte Ihre Stellungnahme zu den Stichworten der einzelnen Übungsaufgaben an den Autor dieses Buches: Dr. Thomas Heinze, Fernuniversität, Postfach 940, 5800 Hagen.

Einmal in der Woche halte ich eine Selbstkritikstunde. Die Schüler sagen mir, was ihnen an mir nicht gefällt. Ich sage, was mir an ihnen nicht gefällt. Dann diktiere ich ihnen die Hausaufgaben für die nächsten Stunden.

***

Bei der Behandlung eines Romans sagt jeder Schüler seine Ansicht zum Roman. Sie wird ins Stundenprotokoll aufgenommen. Am Schluß der Stunde sage ich: Wer sich im Abitur von mir prüfen lassen will, der soll sich dieses Stundenprotokoll ansehen. Der soll sich drei Ansichten zu dem Roman zueigen machen, dann ist die Prüfung gelaufen.

***

In der Pause auf dem Schulhof bekomme ich mit, wie ein starker Schüler einen schwachen zusammenschlägt. Tut es dir wenigstens leid, frage ich. Er nickt. Vertrag dich, sage ich. Er tut es. Ich gehe befriedigt weiter.

***

Heute wollen wir uns mit einem wichtigen Thema beschäftigen, sage ich, nämlich mit dem Thema Sprachbarrieren. Es gibt Schüler, die, obwohl sie geistig dazu in der Lage sind, so gut wie nie etwas sagen. Wer weiß woran das liegt, frage ich. Niemand sagt etwas. Ich weiß woran es liegt, sage ich, das liegt an eurer verdammten Stinkfaulheit.

***

Neulich hieß das Stundenthema Triebstruktur und Gesellschaft. Ich begeisterte mich für eine intelligente Kontrolle des Sexualtriebs. Auf hartnäckiges Befragen durch die Schüler mußte ich einräumen, daß ich erstens schuldlos geschieden bin, und zweitens Klassenarbeiten gewöhnlich nachts korrigiere.

***

Ich spreche über Aggression und Zusammengehörigkeitsgefühl in der Klasse. Ich steigere mich in immer größere Heftigkeit. Am Ende schläft alles. So schön und friedlich kann es miteinander sein, rufe ich aus.

Dann und wann, je nachdem ob ich schlecht gelaunt bin, mache ich mit meinen Schülern eine Schreistunde. Sie sollen sich alles Bedrückende lauthals aus dem Leibe schreien, wobei ich den Anfang mache. Für zehn Minuten ist die Hölle los. Dann trage ich den Lautesten ins Klassenbuch ein, wegen Disziplinlosigkeit."

(Auszug aus: betrifft: erziehung, 2/1979, S. 26)

Übungsaufgabe

Teilen Sie uns mit, was Ihnen *spontan* zu diesem Bericht einfällt!
Stichwort: Verdammte Stinkfaulheit

„Ich bin überfordert, das ist klar. Ich war immer überfordert. In der Schule mußte ich mit ungeheurer Kaltblütigkeit operieren, um weder meine Mitschüler noch die Lehrer merken zu lassen, daß ich nicht das leistete, was ich zu leisten vorgab. Wenn ich heute meine Zeugnisse anschaue, sehe ich, daß ich nie in Gefahr war, sitzen zu bleiben. Aber damals mußte ich andauernd befürchten, ich würde nicht versetzt werden. Um vor Lehrern und Schülern zu verbergen, daß ich nicht mitkam, setzte ich alle Mittel ein, mich unter den fünf Besten der Klasse zu halten. Solange ich meinen Noten nach zu den fünf Besten der Klasse gehörte, dachte ich, konnte man mich nicht durchfallen lassen. Daß ich in Wirklichkeit nicht zu diesen fünf Besten gehörte, wußte nur ich. Schon aus diesem Grund konnte ich keinen Freund haben. Ich hätte mich eines Nachts an ihn gelehnt und losgeplappert. Irgendwann verkracht man sich mit jedem. Dann hätte er mich verraten müssen. Tatsächlich ist es mir unter schrecklichen Anstrengungen gelungen, mich so vor dem Sitzenbleiben zu bewahren. Nach dem Abitur gelang es mir kaum noch, die Umwelt zu täuschen. Wenn ich es genau nehme, wurde sofort nach der Schule klar, daß ich nicht konnte, was ich zu können vorgab. In der Schule hatte ich mir dann und wann etwas Anerkennung erschwindelt. Jetzt war es damit endgültig Schluß. Ein Versagen folgte auf das andere. Oft wünsche ich, Bahnwärter zu werden. Aber ich habe nie den Mut gefunden, mich zu bewerben. Die Zuverlässigkeit, die vom Bahnwärter verlangt wird. Auch scheue ich die miserable Bezahlung. Ich habe sehr verschiedene Tätigkeiten ausgeübt. Ich wurde immer bescheidener. Jetzt schreibe ich meine Krankengeschiche; obwohl das zum ersten Mal in meinem Leben eine Tätigkeit ist, die mir wirklich liegt, fürchte ich schon, daß ich mir zuviel zugetraut habe. Wahrscheinlich gehört es zu meinem Fall, daß ich zum Schreiben einer Krankengeschichte unfähig bin, und es ist typisch für meinen Fall, daß ich – obwohl ich dazu unfähig bin – der Öffentlichkeit durch diese Aufzeichnung imponieren will. Daß ich mich auf diese Weise veröffentliche, könnte man mir als Exhibitionismus erklären. Aber warum bin ich exhibitionistisch? Mein Krankheitsbild verlangt einen eigenen Namen. Deshalb gebe ich ihm vorerst den meinen. Ich will nämlich meine Krankheit exhibitionieren und nicht mein Geschlechtsteil. Das scheint mir eines eigenen Namens wert zu sein."

Aus: Martin Walser, Die Gallistl'sche Krankheit. Frankfurt (Suhrkamp) 1972, Roman, S. 7/8.

Übungsaufgabe

Notieren Sie bitte, was Ihnen zu diesem Text an eigenen Schulerfahrungen, Einsichten und „Alpträumen“ einfällt. Stichwort: Überforderung

2. Die soziale Situation Unterricht

Vorbemerkung

Mit den folgenden Überlegungen[1] wollen wir Ihnen einen theoretischen Raster zur Beobachtung und Beschreibung sozialer Interaktion in der Schulklasse vorstellen. Ziel ist die Entwicklung einer *Typologie der sozialen Situation Unterricht.* Diese Typologie soll die wesentlichen Dimensionen erfassen, die nach unserer Auffassung den Unterricht als eine soziale Lernsituation kennzeichnen.

Bei der Bildung der Dimensionen knüpfen wir an zwei Diskussionssträngen an, die gegenwärtig eine zentrale Rolle spielen:

- „Hidden Curriculum" (der heimliche Lehrplan) in der Schulklasse. Der heimliche Lehrplan hebt zentral auf die Lernwirkungen ab, die die Unterrichtssituation neben und über den inhaltlich-stofflichen Lehrplan, die Unterrichtsinhalte hinaus für die Schüler bereithält (vgl. Abschnitt 2.4).
- „Natürliche Lernsituation" versus „institutionelle Lernsituation".

Wir gehen von der Beobachtung von Lernsituationen im alltäglichen Leben aus, die sich unmittelbar als persönlich sinnvoll, lustvoll und vom konkreten Sachzusammenhang bestimmt vollziehen und als solche erlebt werden. Nun können sich auf einem hohen gesellschaftlichen Entwicklungsstand nicht alle Lernprozesse, die zur Reproduktion des gesellschaftlichen Wissens und spezifischer Fähigkeiten notwendig sind, spontan und planlos vollziehen. Lernen muß also zunehmend organisiert und institutionalisiert werden.

Die besondere bürokratische Form, in der dies jedoch gegenwärtig geschieht, ruft bestimmte Defizite, Beschränkungen und Widersprüche schulischen Lernens hervor im Vergleich zu jenen Lerngelegenheiten, die in den alltäglichen Lebensprozeß der Gesellschaftsangehörigen (Kinder in der Familie, mit Spielgefährten usw.) eingebettet sind. Besonders der erfahrungsgemäße Charakter von Lernen, d.h. die Adäquanz für die jeweilige Lebenssituation eines einzelnen, wird im Unterricht verletzt. Daraus resultie-

---

[1] Dieses Kapitel ist bis Abschnitt 2.3.2 gemeinsam von Thomas Heinze und Detlef Tausendfreund geschrieben worden.

ren typische Defizite und Konfliktquellen von Schule wie: Motivierungsschwäche, latente Widerstände, Fremdbestimmung und Desinteresse, äußere Anpassung an Leistungsanforderungen ohne persönliche Beziehung zu den Lerngegenständen usw.

Wozu dient eine *Typologie der sozialen Situation Unterricht?* Für sie bieten sich folgende Verwendungsmöglichkeiten an:

- Mit der Typologie kann erfaßt werden, welche wesentlichen untergründigen Lernprozesse in der Schulklasse neben dem offiziellen Lehrplan noch ablaufen.
- Aus ihr lassen sich Kriterien dafür ableiten, in welchem Maße und in welchen Punkten der Charakter bürokratisierter und institutioneller Lernsituationen in der Schule sich vom Charakter „natürlicher Lernsituationen" im Alltag unterscheidet.
- Aus der Typologie kann damit zugleich erschlossen werden, in welchen Punkten (Dimensionen) und Lernwirkungen sich „geglückter" Unterricht (z.B. erfahrungsoffener Unterricht) von der mit der Typologie negativ definierten typischen Unterrichtssituation abhebt und den Charakter persönlich sinnvollen Lernens annimmt.
- Anhand der Typologie und ihrer Dimensionen lassen sich empirisch Unterschiede zwischen Lehrern und Klassen ausmachen. Fragestellung: Wie stark entfernt sich die einzelne Klasse / der einzelne Lehrer in ihrer / seiner Unterrichtspraxis von der typischen Unterrichtssituation?
- Die Typologie der Unterrichtssituation liefert den strukturellen Rahmen für die Beurteilung der *„Situationsdefinition"* des Unterrichts durch die Beteiligten (Lehrer und Schüler). Das heißt, wenn Sie empirisches Material analysieren, dem entnommen werden kann, wie sich die Beteiligten über ihre Sichtweise von Unterricht äußern, dann vergleichen Sie diese Äußerungen anhand der Dimensionen der Typologie.

Im folgenden wollen wir diejenigen Dimensionen beschreiben, die u. E. den Unterricht als soziale Lebens- und Lernsituation bestimmen, und zwar sowohl dessen subjektive Erfahrung durch die Beteiligten (Lehrer/Schüler), wie sie sich in ihren Situationsdefinitionen niederschlägt, als auch dessen Lerneffekte (heimlicher Lehrplan).

Das System von Kategorien, das wir zu diesem Zweck vorschlagen möchten, gliedert sich in drei übergreifende Dimensionen, die in sich selbst noch einmal gegliedert und konkretisiert sind:

- *Äußerliche Standardisierung der Unterrichtssituation*
- *Dominanz formaler (abstrakter) Leistungsbeurteilung*
- *Herrschaftscharakter unterrichtlicher Interaktion.*

Bevor der Inhalt dieser einzelnen Dimensionen ausdifferenziert dargestellt wird, soll die Stellung dieser drei Dimensionen zueinander kurz umrissen werden:

Diese Dimensionen sollen nicht als parallel nebeneinanderstehende Aspekte aufgefaßt werden, sondern als begriffliche Zusammenfassung von *qualitativ unterschiedlichen* Einflußbündeln auf das Unterrichtsgeschehen, wie es sich dem Beobachter letztlich darstellt. Als qualitativ unterschiedliche Dimensionen mit unterschiedlicher Wertigkeit stehen sie zueinander im Verhältnis der Über- und Unterordnung.

So bezeichnet die Dimension *„Äußerliche Standardisierung der Unterrichtsituation“* die Gesamtheit der gewissermaßen äußeren Bedingungen, den Rahmen unterrichtlichen Geschehens. Damit ist nun zwar die Grundlage benannt, auf der sich Unterricht abspielt und die zu verlassen unmöglich ist, aber diese grundlegenden Bedingungen und ihre Einflüsse erfassen noch nicht die wesentlichen und zentralen Einflußmomente auf das unterrichtliche Geschehen.

Die zweite Dimension, *Dominanz formaler (abstrakter) Leistungsbewertung,* ist ebenfalls in gewisser Weise dem Unterricht äußerlich, da Zeugnisse und Zensierung ein Moment des rechtlich abgesicherten bürokratisch-institutionellen Rahmens von Unterricht sind. Auf der anderen Seite jedoch stellt das bürokratische Moment der Zensierung und aller Tätigkeiten, die damit verbunden sind (wie z.B. Abfragen, Tests, Klassenarbeiten), zugleich eine durchgehende und wesentliche innere Seite von Unterrichtsgeschehen dar. Unterricht ist zu einem guten Teil und wesentlich Vorbereitung und Durchführung von Zensierung.

Das Ziel der hierauf gerichteten Seite der Unterrichtstätigkeiten ist abstrakt (abstrahere (lat.) – wegziehen , -reißen, entfernen, trennen), also vom konkreten Inhalt und der konkreten Unterrichtstätigkeit abgehoben und abgelöst, weil in der Zensur der konkrete Inhalt, die individuelle Anstrengung und der Verlauf des Lernprozesses ausgelöscht und unsichtbar ist. Die Zensur, einmal festgelegt, verselbständigt sich demgegenüber. Es wird unerheblich und gleichgültig, wie sie zustande kam, auch die daran beteiligte Zufälligkeit und Willkürlichkeit, die jeder Schüler sehr bald erfährt, ist in der exakten Form der Zensur nicht mehr zu erkennen.

Um zu verdeutlichen, was mit dem Begriff der Abstraktheit der Zensuren und des gesamten Zensierungssystems gemeint ist, möchten wir im folgenden einen Gesprächsausschnitt abdrucken, der die Losgelöstheit und Verselbständigung der formalisierten Zensierungspraxis gegenüber der einzelnen Schülertätigkeit und dem gesamten konkreten unterrichtlichen Lernprozeß illustriert.

Die folgende Schilderung ist ein Ausschnitt eines Gesprächs über die vorliegende Typologie der Unterrichtssituation. Die Bandaufzeichnung wurde leicht gekürzt und grammatikalisch bereinigt, sollte jedoch den Charakter einer authentischen Darstellung eigener Erfahrungen mit schulischer Zensurengebung behalten. Der Sprecher ist zur Zeit Lehramtsanwärter im Vorbereitungsdienst für die Sekundarstufe I in Nordrhein-Westfalen und unterrichtete bisher in einer Realschule und einem Gymnasium.

... Ich mein', wo wirklich ein zufälliges Moment drinsteckt in den Noten, ist eigentlich ..., wenn Du jetzt, sagen wir mal, Klassen vergleichen würdest: 5b, Deutsch, Nordrhein-Westfalen, in X, Gymnasium A; die Klasse 5b in Bayern, in Y, Gymnasium B. Die schreiben einen Unfallbericht, beide Klassen. Jetzt ist das Leistungsvermögen, der Leistungsstand und das Leistungsgefälle dieser beiden Klassen unterschiedlich, was weiß ich aus welchen Gründen ...

Jetzt ist, der Lehrer hat die Hefte auf dem Tisch liegen, zensiert sie. Jetzt kommt diese sogenannte Gauß'sche Verteilungsquote. D.h. irgendwo ist er angeregt, hat 'nen Schnitt von Fünferklassen im Kopf, kennt die Ergebnisse von der Parallelklasse, wo der Kollege B unterrichtet hat, der hat auch 'nen Unfallbericht geschrieben und hat den 'ne Woche vorher gemacht und sagt: „Ich hab' 'nen Unfallbericht geschrieben, vierzig Leute in der Klasse, – (große Klassen überall weiterhin, bei uns auch wahnsinnige Klassen, ... Riesenklassen) – die haben in der Klasse 3,3 im Schnitt."

Das hat er schon mal im Hinterkopf, 3,3. Der geht seine Arbeiten durch; schreibt noch lange nicht, nachdem er die erste Arbeit durchgesehen hat, die Note darunter; macht seine Bemerkungen kurz am Rande, verteilt vielleicht Punkte – wenn er 'n Typ ist, der ein Punktsystem aufbringt – verteilt Punkte, und dann guckt er. Dann geht er nämlich aus und schreibt sich die Punkte auf einen Zettel rechts, hat 40 Hefte korrigiert, hat 40 mal Punkte verteilt, hat über das Notensystem, an welche Punktzahl er welche Zensur setzt, hat er sich noch keine Gedanken gemacht. Und weil er weiß, er will zumindest keine 3,9 haben, braucht keine 3,3 zu sein, aber sollte doch vielleicht 'ne 3,4 sein maximal, doch wenn 'ne 3,2 rauskäm', wäre natürlich noch besser, und dann fängt er nämlich an. Dann sieht er, aha, hier liegt er daneben – ich hab' das auch so gemacht! –, hier haben wir die Spitze, 40 Punkte waren zu erreichen, wir haben drei 39-er Kandidaten, 15 Punkte sollten erreicht werden, um zumindest 'ne Fünf zu kriegen oder 'ne Vier zu kriegen, da hat er *den* Schnitt dann. Na gut, sagt er sich, nehmen wir vier unten, die 'ne Fünf haben, dann sollten doch zumindest drei Einsen dabei sein. Wenn du vier Fünfen dabei hast oder eine Sechs, eine Sechs und vier Fünfen, dann mußt Du zumindest drei Einsen dabei haben, verstehst Du, daß du auf diesen Bauch kommst, daß du auf die Mitte kommst, und da ist eigentlich 'n zufälliges Moment drin. Da kann also diese Klasse in Bayern da 'n Schnitt von 3,3 erbringen und hier die Klasse im Gymnasium A auch 3,3, obwohl eigentlich die dahinterstehende Leistung völlig unterschiedlich sein kann. Da ist ein echtes Zufallsmoment drin, auch für den einzelnen Schüler ...

Die auf die Zensierung gerichteten Tätigkeiten vollziehen sich nun selbst auf der Grundlage des äußerlich standardisierten Rahmens von Unterricht. So kann zum Beispiel Unterricht von der Notwendigkeit geprägt sein, in einer bestimmten Zeit, bei vorgegebener Stundenverteilung, eine bestimmte Zahl von Klassenarbeiten zu schreiben und zu zensieren. Die Einflüsse der äußerlichen Standardisierung von Unterricht sind also in den Wirkungen der Produktion abstrakter Leistung aufgehoben.

Die dritte Dimension *„Herrschaftscharakter unterrichtlicher Interaktion“* soll den Sachverhalt bezeichnen, daß die einschränkenden Einflüsse auf den Unterricht nicht zuletzt auch in der unterrichtlichen Interaktion erscheinen und durch sie vermittelt und durchgesetzt werden.

Die unmittelbare Form dieser Interaktion ergibt sich aus dem ihr zugrundeliegenden Verhältnis der beteiligten Akteure. Dieses Verhältnis wird in der Interaktion ständig reproduziert, d.h. wiederhergestellt und zugleich verändert. Als das wichtigste Moment in der Gesamtheit der das Unterrichtsgeschehen vermittelnden Sozialbeziehungen muß die *Lehrer-Schüler-Beziehung* herausgehoben werden.

2.1 Äußerliche Standardisierung der Unterrichtssituation

2.1.1 Zeitökonomie

Ein wichtiges formales Prinzip des Unterrichts ist seine *Zeitökonomie.* Nicht so sehr, daß Lernen stattfindet, kennzeichnet den Unterricht, sondern daß Lernen (bzw. Aufgaben) in einer bestimmten Zeit abgeschlossen sein muß.

Die Zeitökonomie umschließt: Rationalisierung auf Jahres-, auf Tages- und auf Stundenebene. Aufgaben („Pensen“) müssen nicht nur auf der Globalebene (Jahr und Tag) genau nach Plan absolviert werden: Gerade die einzelne Schulstunde ist durch einen vom Lehrer geordneten Zeitplan in kleine und kleinste Lerneinheiten (Aufgabeneinheiten) unterteilt.

Auf der Basis der Zeitökonomie baut der *Wiederholungscharakter* von Unterricht auf. Die Tätigkeiten während des Tages und Jahres sind vorausgeplant (im Formalen) und daher kalkulierbar; die Logik der Vorausplanung ist die jährliche und tägliche Wiederholung immer gleicher Lernvorgänge.

2.1.2 Raumökonomie

Zweites Standardisierungs-Prinzip neben der Zeitökonomie ist die *Ökonomie des Raums.* Die Grundelemente des Lernraums sind festgelegt; Lernen findet immer im gleichen Typus von Raum statt mit den ihm zugeordneten Möglichkeiten und Unmöglichkeiten der Bewegung im Raum und der sozialen Interaktionen. Zur Ökonomie des Raums gehört ferner, daß er die witterungsunabhängige Regelmäßigkeit des Lernens ermöglicht (Lernen findet nicht im Freien statt) und daß die immer gleichen klimatischen und sonstigen Umgebungsreize für Ordnung des Vorgangs und für affektive Gleichstimmung sorgen (Schüler werden nicht abgelenkt, die affektive Neutralität wird nicht gefährdet etwa durch heftige klimatische Reize (Sonne, Regen), erotische Stimuli, Gewaltszenen, neue Eindrücke von anderen Menschen usw.).

Ein weiteres Kennzeichen der Raumökonomie: Die Klasse ist so eingerichtet, daß möglichst viele Menschen (mit Einschränkungen) darin Platz finden und kein Raum unnötig verschwendet wird. Ferner: Die Einrichtungsgegenstände lassen nur bestimmte Bewegungen und Interaktionen zu: Sitzen, Stehen, Gehen (aber nicht: Liegen, Laufen).

Für die Kinder ergeben sich zahlreiche *Störungsquellen* aus der Tatsache des engen und disziplinierte Mitarbeit erfordernden Zusammenlebens in der Klasse (Warten; Unterbrechungen; Störungen; Ablenkungen; Auseinandersetzungen; Konkurrenzsituation).

2.1.3 Standardisierung der Lerninhalte

Standardisiert ist (mehr oder weniger stark) der Kodex dessen, was den Schülern im Verlauf der Schulzeit bzw. innerhalb der einzelnen Schuljahre inhaltlich an Weltkenntnis übermittelt worden ist (Fächer; Lehrbuchinhalte etc.)

2.1.4 Der rechtlich abgesicherte Kontrollcharakter der Situation

Die Teilnahme an der Situation ist für die Schüler in irgendeiner Weise erzwungen: sei es, daß die Anwesenheitspflicht generell staatlicherseits geregelt ist (Schulpflicht bzw. Unterrichtspflicht); sei es, daß die Anwesenheit die Voraussetzung für die Erlangung irgendeines Abschlusses darstellt, der wiederum Zugang zu bestimmten anderen institutionellen Situationen eröffnet. Anwesenheitszwang besteht über die Regelung seiner berufsmäßigen Mitgliedschaft auch für den Lehrer.

Darüber hinaus gibt es einige Regeln, die den Spielraum dessen, was in der Situation Unterricht unternommen werden darf und was nicht, definitiv festlegen.

Die erzwungenen Beschränkungen beziehen sich einmal auf die motorische Bewegungsfreiheit überhaupt. Nur bestimmte körperliche Aktivitäten werden geduldet; andere wiederum werden erzwungen, z.B. Sitzen während bestimmter Zeit. Innerhalb des Schulgeländes und im Verlauf des Schultages wird erzwungen, daß bestimmte Räumlichkeiten nicht / zu bestimmten Tageszeiten nicht / von bestimmten Gruppen und einzelnen nicht / betreten werden. Wenn die Räumlichkeiten betreten werden dürfen, so ist wiederum diese oder jene Aktivität nicht zugelassen usw.

Zweitens beziehen sich die Beschränkungen vor allem auf die Ausübung sozialer Kontakte. Die sozialen Kontakte werden erstens durch die Zuordnung (Gruppierung) der Schüler zu bestimmten Klassen eingeschränkt. Zweitens werden die Kontaktmöglichkeiten während der Unterrichtszeit selbst erheblich reduziert. Bis auf einige wenige formalisierte und auf das strategische Ziel des Unterrichts bezogene soziale Interaktionen sind alle anderen verboten.

Während bestimmter Unterrichtssituationen besteht ein explizites Sprechverbot, die kommunikativen Gesten werden reglementiert und eingeschränkt (Blickkontakt), körperliche Kontaktmöglichkeiten werden unterdrückt.

2.1.5 Der öffentliche Charakter der Situation

Der Öffentlichkeitscharakter des Schulgeschehens erweist sich zunächst an der in dieser Situation gepflogenen öffentlichen (formalen) Sprachform: Der Lehrer versucht, entsprechende Formen durch Vormachen, Ermahnung und permanente Korrektur der Kinder durchzusetzen. So fordert er sie z. B. auf, „Hochdeutsch" und in ganzen Sätzen zu sprechen. Dabei bemüht der Lehrer sich in der Regel um die Einhaltung eines gewissen Abstraktionsniveaus. Wenn die Kinder privat und persönlich sprechen, transportiert der Unterrichtsstratege Lehrer die Beiträge ins Allgemeine, allgemein Verstehbare.

Eine Aufgabe des Lehrers besteht darin, den Öffentlichkeitscharakter des Geschehens aufrechtzuerhalten. Wenn sich Schüler/Schülergruppen absondern, verschließen, untereinander jenseits der Unterrichtshandlung kommunizieren, holt er diese aus der Privatheit wieder heraus.

Der Unterricht zerfällt in zwei deutlich voneinander getrennte Handlungsstränge: Einen offiziellen, öffentlichen Haupthandlungsstrang und in einen nichtoffiziellen, semi-öffentlichen Nebenaktivitätsstrang. Die Nebenengagements sowohl der Lehrer als auch der Schüler werden streng kontrolliert: Die Kontrolle der Lehrer in der rationalisierten Schulbürokratie übernehmen Beamtenrecht, Standeskodifizierung usw.; die Kontrolle der Schüler leistet der Lehrer während der Unterrichtszeit jeweils konkret. Für die nicht-legitimierten Nebenengagements der Beteiligten gilt, daß sie starken Restriktionen unterliegen, bis zu einem gewissen Grad den Beteiligten aber nach Kampf zugestanden werden oder sich praktisch regeln (Beispiele: Essen während der Stunde, Herumlaufen während der Stunde; Beratung während der Stunde seitens der Schüler).

Der Öffentlichkeitscharakter des Unterrichts erweist sich auch darin, daß bestimmte Schutzformen der Privatheit, die Individuen in vielen Situationen zugestanden werden, in der Situation des Unterrichts versagt werden. Der Lehrer hat das fast unumschränkte Recht, die einzelnen Kinder zu jeder Zeit zu einem Kontakt zu veranlassen, und die Kinder haben kaum die Möglichkeiten (d.h. legitimierte), sich gegen die direkten Zugriffe des Lehrers zu wehren.

Der Öffentlichkeitscharakter des Haupthandlungsstrangs Unterricht besteht darüber hinaus darin, daß eine Barriere – Redebarriere – existiert, die es von den einzelnen Kindern zu überwinden gilt (Nichtteilnahme einiger an dieser öffentlichen Situation). Umgekehrt gibt es einige Arbeitsformen im Unterricht, in denen der öffentliche und ganzheitliche Charakter der Situation sich auflöst und Einzelgruppen sich absondern.

Ein weiteres Indiz ist, daß alle Aktivitäten in der Schule im Prinzip für alle sichtbar sind. Der Lehrer hat darüber hinaus das institutionelle Recht, die Sichtbarkeit aller Vorgänge zu verlangen.

2.2 Dominanz formaler (abstrakter) Leistungsbewertung

2.2.1 Die Praxisferne der Unterrichtssituation

Lernen im bürokratisch-institutionellen Zusammenhang schulischen Unterrichts unterscheidet sich von in Alltagssituationen spontan sich vollziehenden Lernsituationen dadurch, daß das Ziel und der Sinn des Lernens nicht mehr primär im Lernprozeß selbst liegt, sondern außerhalb in zukünftigen erwarteten Situationen.

Es ist sehr ernst zu nehmen, wenn Schule den Schülern gegenüber den Anspruch erhebt, nicht für die Schule, sondern für das Leben lernen zu sollen.

Läßt sich aber die Problematik, die sich aus der Trennung schulischen Lernens vom „Leben“ ergibt, mit einem solchen moralischen Appell lösen? Macht es Schule den Schülern nicht sehr schwer, diesem wohlmeinenden Ratschlag zu folgen? Denn „das Leben“, die außerschulische gesellschaftliche Wirklichkeit, ist aus der Schule als einer nach außen abgeschotteten Anstalt weitgehend ausgesperrt.

Zum späteren gesellschaftlichen Leben der Schüler, vor allem der Berufstätigkeit als dem bestimmenden Moment, finden sich in den Unterrichtsinhalten kaum erkennbare Bezüge (s.o. Standardisierung der Unterrichtsinhalte). Was davon an die Schüler über Schulbücher, Tafel, von Hand abgezogene Arbeitsblätter und

Lehrervortrag als bis heute den Unterricht bestimmende Medien herangetragen wird, ist weitgehend nichts als ein ärmlicher Abglanz des Reichtums an Erfahrungs-, Lern- und Genußmöglichkeiten, die das gesellschaftliche Leben bereithält, und zu dem die Schüler außerhalb der Schule durchaus schon Zugang haben.

Als bürokratische Situation läßt der Unterricht zudem die außerinstitutionellen Lebensbereiche der beteiligten Individuen unbeachtet. Der Sinn der Unterrichtstätigkeit, der Vermittlung und Aneigung bestimmter Gegenstände und Erfahrungen wird nicht – oder unter dezidierter Außerachtlassung – aus der je konkreten Nichtschulsituation der Schüler und Lehrer gewonnen, sondern aus allgemeingesellschaftlichen (staatlichen) Reglementierungen, strategischen Reproduktionsüberlegungen etc. (oder eben aus den oben genannten zukünftigen Perspektiven der Individuen).

2.2.2 Zielorientierung auf formale (abstrakte) Leistung

Angesichts der Ärmlichkeit der Repräsentanz von Wirklichkeit im schulischen Unterricht nimmt die Orientierung auf „das Leben" zunehmend die Form der Orientierung auf gute Zeugnisse und Zensuren an. Wie kommt es dazu?

Die konkreten unterrichtlichen Lernprozesse haben keinen direkten, unmittelbaren Einfluß auf das spätere Leben der Schüler. Die Entwicklung dieser späteren Lebensverhältnisse ist abhängig vom Gelingen des Verkaufs der Ware Arbeitskraft eines Individuums auf dem Arbeitsmarkt. Der Arbeits- sowie Ausbildungs- und Lehrstellenmarkt tritt also vermittelnd zwischen Schule und spätere Lebensperspektiven der Schüler. Diese Vermittlung vollzieht sich dabei in Form eines prinzipiell den Individuen gegenüber gleichgültigen, blind wirkenden und von den Individuen nur in begrenztem Maße beeinflußbaren äußeren Mechanismus. Zeugnisse und Zensuren sind Momente dieses den Individuen herrschaftlich entgegentretenden (weil Entwicklungsmöglichkeiten gewährenden oder versagenden) Mechanismus.

Zensuren und Zeugnisse haben von diesem Zusammenhang her gesehen also nicht in erster Linie die Funktion, Anzeiger für den Erfolg je konkreter Lernprozesse zu sein, sondern das Gesamtsystem der Zensierung dient zur Festlegung des Werts der Ware Arbeitskraft beim Eintritt in den Ausbildungs- und Arbeitsmarkt. Dieses Wesensmerkmal des Zensurensystems ist die

Ursache für seine Abstraktheit, die Losgelöstheit und Verselbständigung der Zensurengebung gegenüber den konkreten unterrichtlichen Lernprozessen.

Das einheitliche unterrichtliche Geschehen fällt also dergestalt in zwei sich widersprechende Seiten auseinander:

- die konkrete Seite unterrichtlichen Lernens, seiner Inhalte und Tätigkeiten mit ihren Sinn stiftenden Momenten und
- die abstrakte als objektiv wichtigere Seite: Denn wichtiger, als daß der Schüler Spaß am Lernen hat, ist, daß er gute Zensuren nach Hause bringt. Die mit der Orientierung auf Zensuren gegebene Orientierung auf den später auf dem Arbeitsmarkt gegen Einkommen einzulösenden Tauschwert der Arbeitskraft ist dabei völlig inhaltsleer, zielt auf die Plazierung in einem quantitativen Maß. Sie dürfte für die meisten Schüler eine nur brüchige Sinngrundlage unterrichtlichen Handelns gewähren.

Diese abstrakte Seite, so ist zu vermuten, tritt in dem Maße dominierend und bedrückend im Unterricht hervor, je ärmlicher die Wirklichkeitsrepräsentanz, d.h. je schlechter die Qualität der konkreten Seite des Unterrichts ist. Auf der anderen Seite werden es die konkreten und unmittelbar Sinn stiftenden Momente im Unterricht in dem Maße schwerer haben, zur Geltung zu gelangen, in dem die abstrakte Seite aufgrund äußerer (wie z.B. Lehrstellenmangel, Jugendarbeitslosigkeit, Numerus Clausus) wie innerer Bedingungen bedrückender und dominant wird.

Die konkreten Aspekte des Unterrichts sind nämlich eingeordnet in ein Gerüst formeller Leistungsnachweise.

Die Hierarchie des Ansehens der Unterrichtsgegenstände und die soziale Hierarchie innerhalb der Klasse sind bestimmt durch die Strenge bzw. den Erfolg der jeweiligen Leistungsnachweise (Mathematik versus Religion; Klassenbester versus erfolgloser Schüler).

Der formelle Leistungsnachweis legitimiert sowohl den Lehrer als auch den/die Schüler. Die Orientierung auf abstrakte Leistung in der Unterrichtssituation droht jeden Moment so dominant zu werden, daß sie die zentrale strategische Ausrichtung des Handelns (Organisierung von Übermittlungsprozessen/Lernen) ihrerseits zu instrumentalisieren droht: Lernprozesse dienen dann nur noch dem formellen Leistungsnachweis, nicht umgekehrt.

Die den Schülern von außen aufgezwungene Orientierung auf abstrakte Leistung setzt sie zueinander in das Verhältnis isolierender Konkurrenz. Denn im System der Zensierung ist angelegt, daß gute Zensuren stets nur in begrenztem Maße *gegen* die Mitschüler zu erreichen sind.

Eine Reihe von Verhaltensregulierungen in der Unterrichtssituation dienen allein der Aufrechterhaltung „gerechter Konkurrenz" (Sprechverbote in bestimmten Situationen; Kampf gegen „Schummeln" usw.).

Die Mediatisierung des ganzen Lernprozesses durch das Erbringen abstrakter und verdinglichter Leistung erweist sich in der realen wie symbolischen Gewalt, die Zeugnisse und Zensuren erhalten. Mit realer Gewalt ist die *selegierende* Funktion, die Zeugnisse und Zensuren haben, gemeint. Unter symbolischer Gewalt ist z.B. die Übertragung von Notenziffern auf Charakterurteile zu verstehen.

Der Zugang zu und der Gruppenerhalt in bestimmten Klassen oder (Kurs-)Gruppen ist allein durch die formelle Leistung zu erbringen und kann nicht anderweitig zugesprochen werden („Sitzenbleibersystem"; System von Leistungskursen).

2.2.3 Dominanz der Wertung im Unterricht

Die verbale Interaktion während des Unterrichts ist darauf aufgebaut, daß jede Äußerung von seiten der Schüler vom Lehrer als Strategen der Situationsdefinition unter der Zielsetzung formeller Benotung gewertet wird: Als sachlich richtig oder falsch; als sinnvoller Beitrag zum Thema oder nicht etc. Wenn der Lehrer das Amt des Wertenden nicht selbst während der Unterrichtsstunde ausüben will, kann er es an die Schüler delegieren (Was meint Ihr zu dem, was X gesagt hat?).

Jede auch noch so beiläufige Wertung im Unterricht erfüllt außer der Beurteilung der sachlichen Richtigkeit von Schüleräußerungen und -leistungen noch eine andere Funktion: die der Vorbereitung und Legitimierung von offiziellen und rechtsfähigen Wertungen in Form der Zeugnisse. Sie erhält daher über die bloße Rückmeldung eines Lernerfolgs hinaus als zweite Seite für die Schüler notwendig die Bedeutung, ein Moment im Prozeß der Festlegung des Tauschwertes ihrer späteren Ware Arbeitskraft zu sein. (Es bewahrt also der Wortstamm „Wert" im Begriff der Wertung durchaus in diesem Sinnzusammenhang seine handfest ökonomische Bedeutung). Es ist diese Seite des Unterrichtsmoments der Wertung, die also letztlich den bedrückenden Charakter bedingt, den es häufig für die Schüler hat.

Wichtig ist, daß die schulischen Wertungen der Äußerungen und Leistungen der Schüler keineswegs versteckt oder durch persönliche Beziehungen abgemildert erfolgen, sondern zumeist in aller Öffentlichkeit und unter expliziter Aufmerksamkeit aller Beteiligten.

Zudem bestimmt die Wertung die gesamte Schullaufbahn des Schülers: Denn dorthin, wo er sitzt, ist er durch bestimmte vorangegangene Wertungsprozesse gekommen. Die Wertung wird Teil der persönlichen/bürokratischen Identität des Schülers (Personalbogen).

Die Wertungen beziehen sich dabei nicht nur auf die fachspezifischen Leistungen der Schüler, sondern ebenso auch auf die Haltungs- und Charakterdimensionen (also Persönlichkeitskomponenten) der Schüler (Kopfnoten).

Übungsaufgabe

Schreiben Sie bitte aus der Erinnerung an Ihre eigene Schulzeit eine Begebenheit nieder, an der Ihnen der willkürliche und aufgesetzte Charakter von Zensierung deutlich wurde. Kennen Sie Verhaltensweisen von Schülern, die darauf abzielten, die Nicht-Objektivität der Zensierung zu ihren Gunsten auszunutzen?
Stichwort: Zensierung

2.3 Der Herrschaftscharakter unterrichtlicher Interaktion

2.3.1 Der hierarchische Charakter der Situation

Die unterrichtliche Interaktion ist bestimmt durch die hierarchische Zweiteilung der Interagierenden in Lehrer und Schüler. Sie erscheint in unterschiedlichen Handlungs- und Interaktionsspielräumen und einer Hierarchie des Wissens und der Glaubwürdigkeit.

Der Bewegungsspielraum des Lehrers ist gegenüber dem der Kinder erheblich erweitert (Rede-, Bewegungs-, Interaktionsrechte). Die zentrale Rolle in der Unterrichtssituation spielt aber die Tatsache, daß der Lehrer im weitesten Sinn derjenige ist, der die *Situation dominiert.* Er kann nicht nur bestimmen, was zu tun oder nicht zu tun sei. Er hat auch das Recht der Beurteilung, ob das, was gemacht wird, gut oder nicht gut, „richtig" oder „falsch" ist.

Der Lehrer ist auch derjenige, der den gesamten sozialen Verkehr im Klassenraum zentral steuert: Er legt Zeit, Aktivität, individuelle Abweichmöglichkeiten usw. fest. Er organisiert und *kontrolliert* Ressourcen der Unterrichtstätigkeit.

Der Lehrer legt darüber hinaus die Formen des sozialen Engagements fest, das die Schüler zu zeigen haben; er bestimmt die Höflichkeitsformen des Umgangs miteinander. Der Lehrer tritt somit als *Manager* fast der gesamten Klassenaktivitäten in Erscheinung.

Für den Lehrer ergibt sich aus der konfliktstrategischen Position eine *Handlungsfülle* (Zahl der Einzelkontakte mit den Kindern; Zahl und Qualität der Strukturierungstätigkeit des didaktischen Handelns und des sozialen Verkehrs).

Die *Hierarchie des Wissens* bezieht sich einmal auf den Umstand, daß der Lehrer als der Wissende und Übermittelnde qua Funktion anzusehen sei, während das, was Kinder wissen, nur nach einer ausdrücklichen Legitimierung durch den Lehrer als „legitimes Wissen" angesehen wird. Weitgehend hat nur der Lehrer das Recht festzulegen, was als Wissen zu gelten hat im Unterrichtskontext – was weitergeht als die Tatsache, daß der Lehrer auch festlegen kann, welches Wissen gerade als Gegenstand der Klassenbeschäftigung ansteht.

Die Hierarchie des Lehrer-Schüler-Verhältnisses enthält zwei Momente:

Zum einen ist die Stellung von Lehrer und Schülern Ausdruck und Moment der natürlichen Generationenfolge. Nach dieser Seite hin ist der Lehrer also Träger, Repräsentant und Vermittler der durch die Erwachsenengeneration erreichten objektiven Möglichkeiten der Persönlichkeitsentwicklung gegenüber den Schülern. Unter diesem Aspekt sollte sich jeder Lehrer positiv auf die optimale Ausgestaltung dieser funktionalen Seite des Lehrer-Schüler-Verhältnisses orientieren, das hätte eigentlich eine Unterrichtsform nach gegenseitiger Kooperation zur Folge.

Zum anderen ist die Ausgestaltung des Lehrer-Schüler-Verhältnisses aber nicht ins Belieben des Lehrers als eines autonomen Subjekts gestellt, es ist kein persönliches Verhältnis, das allein von der individuellen Kompetenz der Beteiligten bestimmt würde.

Vielmehr ist es ein gesellschaftliches Verhältnis in dem Sinne, daß es von allgemeineren äußeren und tieferliegenden gesellschaftlichen Bedingungen bestimmt ist. Dabei ist es nicht notwendig, daß dies den Beteiligten auch zum Bewußtsein kommt. So kann beispielsweise allein schon die unterschiedliche Schichtzugehörigkeit von Lehrer und Schülern verhindern, daß bestimmende soziale Einflüsse wahrgenommen werden können, die sich im gegenseitigen Handeln durchsetzen.

2.3.2 Der Herrschaftscharakter der Lehrer-Schüler-Interaktion

Es wurde bereits erwähnt, daß die Einflüsse der äußerlichen Standardisierung und die Dominanz formaler und abstrakter Leistungsbeurteilung sich durch die Lehrer-Schüler-Interaktion vermittelt im Unterricht durchsetzen. Da diese bestimmenden Einflüsse den Schülern gegenüber als Beschränkung ihrer Bedürfnisse und Handlungsinteressen wirken, erhält die Lehrer-Schüler-Interaktion eine Herrschaftsseite. Herrschafts- und Kooperationsaspekt der Lehrer-Schüler-Beziehung müssen nun dergestalt in Widerspruch zueinander geraten, daß bei rigider Durchsetzung der beschränkenden Momente der Unterrichtssituation durch den Lehrer die Grundlage für die notwendigen kooperativen Aspekte der Lehrer-Schüler-Interaktion in Frage gestellt wird. Andererseits verlangt die Entwicklung dieses ihres kooperativen Charakters, daß ihr Herrschaftsaspekt in den Hintergrund tritt, was aufgrund der objektiv gegebenen Bedingungen jeweils nur in Grenzen möglich sein dürfte. Bei aller Anstrengung dürfte also nur ein sehr labiles, brüchiges Gleichgewicht dieser beiden Aspekte in der Lehrer-Schüler-Beziehung erreichbar sein.

Gelingt die Entwicklung einer solchen relativen Balance in der Lehrer-Schüler-Interaktion nicht, so wird die Durchsetzung des Unterrichtszwecks nur noch möglich sein in Form einer zwanghaften Dominanz des Lehrers in der unterrichtlichen Interaktion und die Ausrichtung seines Handelns an einem einseitigen technologischen Zweck-Mittel-Schema, in dem die Schülerhandlungen und -interessen nicht mehr bzw. nur in verstümmelter Form zur Geltung kommen können.

2.4 Der heimliche Lehrplan

Vorbemerkung

Im folgenden wollen wir Ihnen einen weiteren, differenzierten Einblick in den schulischen Alltag vermitteln. Dazu greifen wir einige Fallbeschreibungen auf, die Sie insbesondere mit der *Schülerperspektive* in unterschiedlichen Schulformen vertraut machen sollen. Als Folie für die Darstellung dient uns in diesem Abschnitt das Modell *heimlicher Lehrplan.* In Ergänzung zum „offiziellen" Lehrplan, der die Vermittlung von Kenntnissen und Techniken steuert, ist der *heimliche Lehrplan* für die Entwicklung von *sozialer Verhaltenskonformität* verantwortlich. Was damit gemeint ist und in welchen Erscheinungsformen der *heimliche Lehrplan* auftritt, dazu möchten wir die detaillierten *Beobachtungen* und *Beschreibungen* des *Grundschulalltags* der Kulturanthropologen Jackson und Henry kurz referieren.

2.4.1 Kulturanthropologische Aussagen zum heimlichen Lehrplan

Jackson[1] geht von der Überlegung aus, daß in der Forschung oft allzu gerne die Alltäglichkeit der Schule übersehen wird: Alltäglichkeiten, die das Leben des Schülers eigentlich ausmachen. Die Tatsache, daß ein Lehrer „an einem Schultag Tausende einzelner Sozialkontakte" eingeht, läßt erkennen, welche Anforderungen sowohl an die Schüler als auch an die Lehrer gestellt werden. Dies drückt sich zum Beispiel darin aus, daß der Lehrer über die Kom-

---

[1] Philip W. Jackson: Einübung in eine bürokratische Gesellschaft: Zur Funktion der sozialen Verkehrsformen im Klassenzimmer. In: Jürgen Zinnecker (Hg.): Der heimliche Lehrplan. Weinheim/Basel 1975

munikation im Klassenzimmer zu wachen hat, um einen geregelten Unterricht gewährleisten zu können. Das heißt aber auch, daß er bestimmt, wer nichts sagen darf, nichts zu sagen hat.

Die zweite Aufgabe, die sich einem Lehrer stellt, ist die des, so Jackson, *„Proviantmeisters"*. Er muß kraft seines Amtes darüber wachen, daß die meist nur beschränkten Mittel, wie z.B. Raum, Unterrichtsmaterial u.a., gerecht verteilt werden. Dazu kommt noch, daß viele Kleinigkeiten berücksichtigt werden müssen, wie z.B. keinen Schüler übervorteilen, „Pöstchen" (z.B. Ordnungsdienst, Klassenbuchführer) vergeben. Aber auch hier, wie man aus jedes Schülers Munde hören kann, läßt sich die Göttin Justitia gar selten blicken.

Weiterhin wäre auf die Funktion des *„offiziellen Zeitnehmers"* hinzuweisen. Der Lehrer bestimmt, wann die Stunde anfängt, wann sie aufhört, wann die Gruppenarbeit beginnt, wann die Ergebnisse vorgelesen werden. Die Frage nach dem Schüler tritt hinter die des Stoffverteilungsplans zurück.

An diesem Punkt beginnt Jackson nun, sich dem Schüler zu widmen. So fragt er, wie der Schüler sich wohl selbst innerhalb dieser Interaktion sieht. Einige werden sich vielleicht aufgrund überwiegenden Erfolgs wohl fühlen, andere sich eingesperrt und unglücklich fühlen. Nicht weil sie keinen Erfolg haben, sondern weil sie eigentlich etwas Wichtigeres zu tun hätten, aber einer Institution ausgeliefert sind, der sie schwerlich entrinnen können. Das Schulleben ist für einen Schüler dann befriedigend, wenn sich seine Wünsche und Interessen mit den Erwartungen der Institution treffen. Ist das nicht der Fall, wird die Schule zur Belastung. Auslöser dieses Unbehagens sind: *Verzögerungen, Versagungen, Unterbrechungen*[1]. Auf diese Vorgänge reagieren Schüler mit Geduld oder Resignation. Während der Geduldige seine Zukunftspläne weiterverfolgt und somit ein Gefühl der Integrität wahrt, hat der Resignierte sich selbst, seine Wünsche, Pläne und Interessen aufgegeben. Mit steigender Anzahl der Schuljahre *tarnt* der Schüler Desinteresse wie auch Begeisterung (vgl. auch hierzu Kapitel 6).

Der Schüler entwickelt *Strategien, um die Schule zu überleben.* Er erkennt die Vorliebe des Lehrers, sich vor einem interessierten Publikum zu produzieren. Er setzt die Maske des Interessierten, des Denkers auf. Antworten werden den Vorstellungen des Beur-

[1] Beispiele dafür in: J. Zinnecker, a.a.O., S. 24f.

teilers angepaßt. Daher gibt es für den Schüler zwei Lehrpläne: den offiziellen, amtlichen und den heimlichen Lehrplan, den die Schüler aufgrund der Gegebenheiten selbst entwerfen.

Auf beide Lehrpläne erstreckt sich das Belohnungssystem. Erfolg ist gleichermaßen gekoppelt an intellektuelle Leistung (offizieller Lehrplan) und Konformismus (gutes Benehmen – heimlicher Lehrplan). Das heißt, je besser der Schüler sich den Erwartungen und Vorstellungen des Lehrers anpaßt, desto größer ist die Chance für den schulischen Erfolg. Ein Schüler wird – so Jackson – wegen der Unfähigkeit, eine Aufgabe zu lösen, weniger getadelt als wegen des Verstoßes gegen Normen. Die Lehrziele beider Lehrpläne sind nicht ohne weiteres untereinander vereinbar, jedoch tarnen die Schüler die Integration beider. Das heißt: Das Leben in der Schule ist für sie ein Leben voller widersprüchlicher, konkurrierender Anforderungen. Der Mensch besitzt – so Henry[1], dessen Überlegungen als zweitem Repräsentanten des Modells ‚heimlicher Lehrplan' Sie nun kennenlernen sollen – die Fähigkeit, mehrere Dinge auf einmal zu lernen. Wenn man Unterricht mit dem Nachrichtensystem vergleicht, dann lernen die Beteiligten nicht nur den Unterrichtsstoff, sondern auch *„Rauschen"*, d.h. Einflüsse, die nicht kontrolliert werden können. Daß das „Rauschen" sehr intensiv vom Schüler aufgenommen und auch entsprechend ‚heimlich' gelernt wird, interessiert – so Henry – viele Lehrer nicht.

Ein Beispiel fürs „Rauschen":

„*Erste Szene: Im Reich des Gesangs*
Es ist 17. März und die Kinder singen Lieder aus Irland und den Nachbarländern. Die Lehrerin begleitet die Schüler auf dem Klavier. Während die einen noch singen, sind andere schon auf der Suche nach einem neuen Lied, das aus einem der irischen Nachbarländer stammt. Wenn sie eins im Register gefunden haben, melden sie sich, damit die Lehrerin sie aufruft und das nächste Lied ansagen läßt. Das Singen ist ohne rechte Tonlage – so wie man es regelmäßig in Grundschulklassen zu hören bekommt. Manchmal singt die Lehrerin mit schwacher, heiserer Stimme und ohne feste Tonlage ein Lied vor." (Jules Henry, a.a.O., S. 37)

Hier hat das Kind nach Henrys Meinung zwei Dinge gelernt, die nicht im Lehrplan stehen:
– Ein Lied nach der schwachen, heiseren Stimme der Lehrerin,

[1] Jules Henry: Lernziel Entfremdung. Analysen von Unterrichtsszenen in Grundschulen. In: Jürgen Zinnecker (Hg.): Der heimliche Lehrplan. Weinheim/Basel 1975

die sich auf keine bestimmte Tonlage festlegen kann, singen zu können.

– Viele Lieder zu finden, um so die Aufmerksamkeit der Lehrerin auf sich zu lenken und damit die übrige Klasse als erkannte Konkurrenz auszustechen.

Nun stellt Henry zwei ernüchternde Lehrsätze auf, die er jedem Schulneuling auf seinen manchmal sehr langen Weg mitgeben möchte:

1. Schulstunden sind nicht das, was sie vorgeblich sind.
2. Setze an die Stelle der eigenen Maßstäbe die der Lehrer und Mitschüler.

Der Schüler muß versuchen, diese Regeln zu lernen, er muß sie verinnerlichen. Nur so ist er in der Lage, sein Schuldasein zu fristen. Das heißt aber auch gleichzeitig, daß er der totalen *Entfremdung* zustimmen muß. Dadurch wird jedoch sein Selbstwertgefühl stark beeinträchtigt: Die Schule tritt als Produzent von Minderwertigkeitsgefühlen in Erscheinung. Hier hätte die eigentliche pädagogische Aufgabe der Schule einzusetzen. Sie müßte dafür sorgen, daß die Schüler die Möglichkeit der Selbstverwirklichung erhalten.

Was dem im Wege steht, ist eine Institution, die nicht in der Lage ist, auf ihre „Kunden" einzugehen. Sie muß, dank ihrer Starrheit, davon ausgehen, daß ihre „Kunden" eine gewisse Homogenität verbindet. Von dem Fetisch der Homogenität der Schülerklientel ausgehend, werden pädagogische Ziele und Maßnahmen entworfen, denen sich die Schüler, obwohl sie mit unterschiedlichen Voraussetzungen in die Schule kommen, anpassen müssen. Oft werden sie diesen Anforderungen sogar übergerecht. Die damit vollzogene Bedürfnisunterdrückung führt unweigerlich dazu, daß Schüler ihre Aktivitäten in dem vorbestimmten Rahmen austoben.

„Zweite Szene: Ein Mantel wird aufgehängt.

Die Beobachterin betritt das Klassenzimmer des fünften Schuljahres. Die Lehrerin fragt: „Wer von den netten, höflichen Jungen möchte den Mantel (der Beobachterin) nehmen und aufhängen?" Aus dem aufgeregten Fingerknipsen scheint hervorzugehen, daß alle diesen Ehrentitel für sich beanspruchen möchten. Die Lehrerin wählt ein Kind aus, das den Mantel der Beobachterin nimmt. Die Lehrerin fährt fort: „Na, Kinder, wer möchte (unserem Besuch) erzählen, was wir zuletzt gemacht haben?" Wie üblich meldet sich alles. Ein Mädchen wird ausgewählt, um es zu erzählen …

Die Lehrerin bestritt die Rechenstunde überwiegend mit der Frage: „Wer möchte uns die Lösung für die nächste Aufgabe sagen?" Auf diese Frage meldete sich gewöhnlich die ganze Klasse, knipste aufgeregt mit den Fingern und stritt sich offenbar darum, wer antworten durfte.“ (Jules Henry, a.a.O., S. 41).

Bezeichnend ist die Art der Fragestellung: „Wer von den netten, höflichen Jungen ...“ Das heißt aber doch wohl, daß jeder, der sich nicht meldet, eben nicht nett und höflich ist. Und wer kann sich das schon erlauben – bei einer Person, von der man doch in erheblicher Weise abhängig ist?

In der Schule ermöglicht das Versagen eines Schülers den Erfolg eines anderen. Da fast alle Kinder diese Erfahrung machen müssen, entsteht Haß, der in unserer Gesellschaft mit Neid umschrieben wird. Mitvermittelt wird die Angst vor dem Scheitern.

An dem folgenden Beispiel wird illustriert, wie aus dem Nachbarn in der Schulklasse ein Konkurrent werden kann, den es auszuschalten gilt.

„*Dritte Szene: An der Tafel*
Boris hatte Schwierigkeiten, $^{12}/_{16}$ so weit wie möglich zu kürzen und kam nur bis $^{6}/_{8}$. Die Lehrerin fragte ihn ruhig, ob das der kleinste Nenner sei. Sie schlug ihm vor, darüber „nachzudenken“. Viel Fingergeknipse und viele hochgereckte Arme bei den anderen Schülern. Alle begierig, ihn zu korrigieren. Boris ziemlich unglücklich. Vermutlich intellektuell gesperrt. Die Lehrerin, ruhig, geduldig, übersieht die anderen und richtet Blick und Stimme ganz auf Boris. Sie fragt: „Gibt es eine Zahl, die größer als zwei ist, mit der Du beide Seiten des Bruchs teilen kannst?“ Nach ein oder zwei Minuten beginnt sie zu drängen, aber von Boris kommt nichts. Darauf wendet sie sich der Klasse zu und fragt: „Na gut, wer kann Boris sagen, welche Zahl es ist?“ Fast alle melden sich. Die Lehrerin ruft Gretchen auf. Gretchen erklärt, daß vier die Zahl sei, durch die sich Zähler und Nenner teilen lassen.“ (Jules Henry, a.a.O., S. 42/43.)

Der Begriff ‚heimlicher Lehrplan‘ bezeichnet, so ist hoffentlich deutlich geworden, diejenigen Interaktionsstrukturen und -situationen, „die beim Schüler soziale Verhaltenskonformität erzwingbar und erlernbar machen“[1]. In den ersten Schuljahren geht es – so Henry – weniger darum, Lesen, Schreiben und Rechnen zu lernen, als darum, „institutionelle Erwartungen zu erfüllen“. Zu den „Leistungen“ des ‚heimlichen Lehrplans‘ gehören: Unterdrückung spontaner Bedürfnisartikulation und Einfälle, Einordnung in die Gruppe, Unterordnung unter die Zwecke der Institution und Verinnerlichung von Geboten[2].

---

[1] Dieter Ulich: Pädagogische Interaktion. Theorien erzieherischen Handelns und sozialen Lernens. Weinheim/Basel 1976, S. 206.

[2] Ebenda, S. 206

In der Einleitung des Themenheftes „Der heimliche Lehrplan. Was *wirklich* gelernt wird“ *(betrifft: erziehung, 5/1973)* setzen sich die für dieses Themenheft verantwortlichen Redakteure Jürgen Zinnecker und Wolfgang Geisler kritisch mit den institutionellen Zwängen schulisch organisierten Lernens als Kernstück des ‚heimlichen Lehrplans‘ auseinander.

„Lehren und Lernen – die reale Dialektik dieses Vorgangs erscheint in kurzsichtiger Theorie und Praxis als polarer Gegensatz.

Unterricht, der optimales Lernen für den kürzesten Weg zwischen Planung und Realisierung, Absicht und Ergebnis ansieht, verfährt so technokratisch wie Curriculumtheorie, die sich nur als Wissenschaft vom Transfer interpretiert.

Verkannt wird, daß der Lehrer nur als gleichzeitig selbst Lernender Kontakt zum Schüler findet. Den Lernprozeß nicht als wechselseitig auffassen, die Lernsituation als Sender-Empfänger-Verhältnis gestalten, heißt Lernen zum Gewaltverhältnis machen. Bei uns ist das so organisiert: Frontalunterricht, hierarchische Schulorganisation, soziale Selektion, zu hohe Klassenfrequenzen …

Der heimliche Lehrplan umfaßt gerade solche institutionellen Zwänge. Schüler werden als nur zu Belehrende angesehen. Der Lehrer erscheint als Verkünder.

Indem das Informations- und Dispositionsmonopol in der Klasse allein dem Lehrer überlassen bleibt, wird gleichberechtigte Kommunikation unmöglich. Der Schüler wird auf den Willen der Lehrer festgelegt. Der Lehrer agiert ohne das Korrektiv ständiger Kritik seiner Adressaten. Da er also über die Lernenden verfügt, muß ihm sein Wissen nicht mehr abverlangt werden. So sehr er sich wissenschaftlichen oder staatlichen Autoritäten verpflichtet wissen mag: gegen die tatsächlichen Ergebnisse seines Unterrichts wird er blind. Diese Blindheit macht den heimlichen Lehrplan erst möglich.

Die traurigen Ergebnisse dieser Verhältnisse können wir an uns selber studieren: teilweise oder völlige Apathie, Ignoranz, Resignation gegenüber dem Lernen.

Der heimliche Lehrplan ist unheimlich effektiv. Vergnügen scheint das Gegenteil des Lernens. Zu gegenwärtig ist die Gewalt als Lernbedingung.

Was wirklich gelernt wird: sich gegen falsches Lehren nicht wehren, reagieren, nicht teilnehmen.

Die Kritik am heimlichen Lehrplan basiert auf dem Gedanken einer Wirkungspädagogik, deren Erfolg ihr Überflüssigwerden darstellt. In der Selbständigkeit des Schülers hebt sich die Notwendigkeit der Erziehung auf.

Daß Schule und Erziehung uns so erkennbar prägen, erscheint – so besehen – eher negativ. Die langanhaltende Wirkung unserer Erziehung beweist ihren Mißerfolg. Die Gewalt des heimlichen Lehrplans steht in keinem Gegensatz zu den Autonomiepostulaten üblicher Lehrplanpräambeln. Im Gegenteil: Die Realität des einen dementiert die Ideologie des anderen. Edle Ziele verschaffen den Repräsentanten schlechter Realität ihr gutes Gewissen.

Den Erfolg von Erziehung in ihrer Überwindung zu sehen, verlangt deshalb konkret-historische Kritik *aller* Erziehungsberechtigten.

Der heimliche Lehrplan. Was wirklich gelernt wird.“

Der Begriff ‚heimlicher Lehrplan' (hidden curriculum) bezeichnet – so können wir festhalten – die *ungeplant,* aber zwangsläufig sich einstellenden Lerneffekte und Verhaltensprägungen, bedingt durch die – infolge gezielter Standardisierung und Normierung zwischenmenschlicher Beziehungen – sich herausbildenden unreflektierten Verhaltensweisen in der Schulklasse.

2.4.2 Beispiele aus dem Schulalltag

Das folgende Protokoll einer Unterrichtsstunde in einer Gesamtschule ist sicherlich nicht typisch für die normale Unterrichtssituation in dieser Schulform. Wir meinen allerdings, daß es zusätzlich Schulrealität in die Diskussion über den ‚heimlichen Lehrplan' in der Schule (hier über Strafe und Disziplin) einzubringen vermag.

Vielleicht werden Sie durch dieses Protokoll und die weiteren empirischen Beispiele aus dem Schulalltag ermuntert, eigene Schulerfahrung zum *‚heimlichen Lehrplan'* zu aktualisieren.

Wir verbinden mit dem Abdruck dieser praktischen Beispiele die Hoffnung, daß Sie sich gemäß Ihren subjektiv-biographischen Erfahrungen gewissenhaft mit den dort angesprochenen Problemen auseinandersetzen.

Eine Stunde im C-Kurs

Von Karin Teichler

Der Lehrer geht zu Stundenbeginn den Schulflur entlang auf die Klassentür (9. Klasse) zu, wo bereits einige Mädchen warten. Nachdem er den Raum aufgeschlossen hat, kommen aus irgendwelchen Flurwinkeln zwei Jungen, ein paar Minuten später drei weitere Jungen und ein Mädchen dazu. Alle setzen sich geräuschvoll hin.

Fünf Mädchen hocken vorn zusammen, eins sitzt an einem Jungentisch. 16 von 24 Schülern des Kurses – eine ungewöhnlich hohe Zahl (Schwänzquote bis 50%!) – sind in laute, z. T. handgreifliche Interaktionen verwickelt.

Auffallend: fast alle sind ohne Schultaschen, mehrere haben Plastiktüten. Der Aktenkoffer eines Jungen hebt sich davon deutlich ab. Viele nehmen eine provozierende Haltung ein, legen z. B. die Füße auf den Tisch.

F.: Herr X, kann ich mal auf's Klo?

Lehrer: Dazu war die Pause da.

Drei Jungen, H., G. und Ch. fangen an, Karten zu spielen.

Lehrer: Legt mal die Karten weg, wir fangen an.

H.: Noch das Spiel zu Ende.

G.: Nur noch das eine Spiel.

Lehrer: Ihr legt jetzt die Karten weg.

Die Schüler spielen noch einige Minuten, dann verschwindet das Kartenspiel.

Ein paar Nachzügler treffen ein.

Ein Schüler, Ch., wird immerzu von zwei anderen geknufft und gepiesackt und kichert laut.

Lehrer: Holt mal die Hefte raus.

Reaktion zunächst nur bei den Mädchen. Der Lehrer geht durch die Klasse, auf namentliche Aufforderung hin holen einzelne Schüler Hefte aus Plastiktüten; die Mehrzahl hat nichts dergleichen und bekommt vom Lehrer Papier und Stift.

Lehrer: A., mach die Zigarette aus.

Lautes Stöhnen als Antwort, A. macht noch einen tiefen Zug.

Nachbar N.: Laß mich mal.

Die Zigarette wird daraufhin ausgetreten. (Ähnlich wie schon beim Kartenspielen ist eine Art Ritual zu bemerken: beide Seiten wahren ihr Gesicht: der Lehrer besteht auf seinem Verbot, die Schüler reagieren provozierend langsam, geben aber nach.)

Unterrichtsthema ist der Fernsehfilm vom Vorabend „Acht Stunden sind kein Tag", den ein Teil der Schüler gesehen hat. Mit der Hilfe hauptsächlich *eines* Schülers und *einer* Schülerin faßt der Lehrer an der Tafel den Inhalt kurz zusammen. Die Schüler sollen abschreiben:

1. Arbeiter wollen einen Meister aus den eigenen Reihen Reihen
2. Die Firmenleitung will den Posten von außen besetzen
3. Der ‚eigene' Meister könnte zu den Arbeitern halten
4. Ein fremder Meister könnte zu der Firmenleitung halten.

Während der Lehrer schreibt, ruft ein Schüler: „Herr X, wann werde ich aufgestuft!"

Der Lehrer ignoriert die Bemerkung. Die meisten Schüler schreiben jetzt. Die Verbesserung der Disziplin durch Schreiben ist erstaunlich. Für kurze Zeit ist es fast still. Ein Schüler steht auf und verläßt die Klasse, obwohl der Lehrer ihm zuruft: „R., Du bleibst hier."

Der Lehrer erläutert das Problem des Films noch einmal kurz und fragt dann die Schüler nach Vorschlägen, wie sie sich als Arbeiter in einer solchen Situation verhalten würden.

A.: Ich würde Bruch machen!

Lehrer: Wie meinst Du das?

Die Tür fliegt auf, zwei notorische Zuspätkommer erscheinen. Ein Großteil der männlichen Schüler wird jetzt zunehmend interessierter, sie antworten sich gegenseitig, einige Dialoge kommen zustande. Die Mädchenclique ist uninteressiert und tuschelt. Dann droht die Diskussion wieder zu versacken.

Der Lehrer geht durch die Klasse auf einzelne Schüler direkt zu und spricht diese auffordernd an.

Ein Schüler: Wann komme ich in B?[1]

Durch das persönliche Ansprechen arbeitet jetzt die Mehrzahl der Schüler, trotz permanenter Interaktionen am Thema weiter. Der Lehrer bemüht sich um eine straffe Gesprächsführung. Der offensichtliche Boß dieser Kursgruppe, A., brüllt einen Störenfried an: „Du Arsch, halt Dein Maul!"

A. unterstützt den Lehrer, er ist offensichtlich an Kontakt mit ihm interessiert. Die Vorschläge der Schüler werden an der Tafel gesammelt:

1. Verhandeln
2. Streik

---

[1] Der Deutschunterricht an dieser Integrierten Gesamtschule war zu diesem Zeitpunkt in sog. Leistungskursen mit den Stufungen A, B, C organisiert. Umstufungen waren vierteljährlich auf Vorschlag des Lehrers möglich, ebenso in Fachleistungskursen (FLK) wie Mathematik, Englisch. Heterogene Lerngruppen (nicht nach Leistung differenziert) bestehen im „Kernfach" Gesellschaftslehre.

3. Gewerkschaft
4. schlechte Produkte herstellen.

Dann schreibt der Lehrer an die Tafel: Wie würde ich als Arbeiter diesen Konflikt lösen?

Er gibt den Schülern fünf Minuten Zeit, einige schriftliche Antworten zu verfassen. Wer fertig ist, kann gehen. Zwei Schüler gehen vor offizieller Stundenbeendigung. Der Lehrer geht wieder zu den einzelnen Schülern, spricht immer wieder einzelne an, schafft persönliche Kontakte. Am Schluß der Stunde sammelt er die schriftlichen Arbeiten (zumeist Ein-Satz-Antworten) ein.

Nach dem Unterricht umringen viele Schüler den Lehrer, alle möchten mit ihm reden, es geht um Ratschläge, Aufstufungen, Beruf u.ä.

Eine gute Durchschnittsstunde, meint der Lehrer anschließend. Ein Großteil der Schüler sei heute interessiert gewesen und habe versucht, an einer Lösung mitzuarbeiten.

Resignation des Lehrers und der Schüler? Was soll man zu einer solchen Schulstunde sagen? Einige Schüler erwarten nichts mehr von der Schule, sie sitzen nur noch ihre Zeit ab (hier die Kartenspieler). Für einen anderen Teil sind alle berufsbezogenen Themen offensichtlich unangenehm; sie versuchen im letzten Augenblick noch, in den B-Kurs zu kommen, d.h. sie wollen das 10. Schuljahr machen, um Berufsentscheidungen auszuweichen[1]. Über die „Schwänzer" können nur Vermutungen angestellt werden. Andere wiederum, die nach dem 9. Schuljahr abgehen wollen und im 7./8. Schuljahr häufig gefehlt haben, bemühen sich um Teilnahme am Unterricht, um den Hauptschulabschluß zu erreichen.

Diese Kurssituation blockiert nahezu alle Lernprozesse. Während die einen jede Aufstiegserwartung, die ihnen das Kurssystem vorspiegelt, aufgegeben haben, behalten andere sie als Illusion bei. Beide Gruppen bekämpfen sich, meist latent, zuweilen offen.

[1] In dieser Gesamtschule kann jeder Schüler das 10. Schuljahr besuchen, was freilich nicht bedeutet, daß er damit ohne weiteres einen „Realschul"-Abschluß erhält.

Das äußert sich in gegensätzlichen Erwartungen an den Unterricht: die einen benutzen ihn als Forum für Interaktionen – und unterdrücken damit solche Wünsche, wie Michael K. sie äußert:

Wie stelle ich mir den Unterricht vor

Es ist leise wir schreiben viel Sachen und
diskotieren über das Weltgeschehen wir nehmen
die Gramatik durch das Betonen wenn wir
im Buch vorlesen und manchesmal wird auch
ein Deutschspiel gemacht. Vielleicht einmal
Stille Post oder sonst etwas. Ich meine das
wäre der richtige Deutsch Kurs.

In diesem Kurs ist es nicht „leise“, „Schreiben“ und „Gramatik“ werden meist in seltener Einmütigkeit verweigert, und zwar auch von denen, die sie eigentlich für den „richtigen Deutsch Kurs“ halten. Ihre bisherigen Schulerfahrungen haben ihnen gerade in diesen Bereichen ausschließlich Mißerfolge bereitet.

Aus b:e 11/1975, S. 28–30.

Einen Kommentar zu diesem Stundenprotokoll stellt Ihnen Lothar Schweim vor (betrifft: erziehung, 11/1975, S. 30).

„Schule ist nur ein Aspekt der Lebenssituation und der Perspektiven von Schülern. Die Behandlung des Themas Strafe und Disziplin in der *Schule* trennt schulische Probleme von der Lebenssituation der Schüler ab. Das heißt: Verhalten in der Schule bleibt so lange ein Problem, wie es nicht im Zusammenhang der Lebenssituation der Schüler gesehen wird. Im Beispiel ist dies zu sehen an den tatsächlichen Beschäftigungen der Schüler im Unterschied zu den vom Lehrer erwarteten Aktivitäten, an ihrem nur gequälten Interesse, ihrer Unfähigkeit, den Unterrichtsgegenstand als ein sie betreffendes Problem zu betrachten.

Die Maßstäbe zur Beurteilung von schulischen Situationen und schulischem Verhalten der Schüler sind schulische Maßstäbe. Disziplinprobleme werden durch Schule geschaffen, sind nicht Probleme der Schüler. Sie entstehen dadurch, daß Schule andere Maßstäbe postuliert, als die außerschulische Erfahrung der Schüler nahelegt. Unangepaßtes Verhalten in der Schule spiegelt die tägliche Erfahrung der Schüler. Deshalb bringen sie ihre Unlust durch Kartenspielen, Rauchen und Zu-spät-Kommen zum Ausdruck.

Die Interessen der Schüler sind nicht die Interessen der Schule, und Schule vertritt nicht ihre Interessen. Das was Schule als Interesse definiert, läßt sich nicht in der Erfahrung der Schüler festmachen, so daß deren unangepaßtes Verhalten auch als Widerstand gegen realitätsferne Zumutungen gedeutet werden kann. Die Mädchen haben keine Lust, folgen nicht dem Unterricht, tuscheln, nach der Stunde umringen Schüler den Lehrer mit ihren Fragen."

Übungsaufgabe

Schreiben Sie bitte *Ihren* Kommentar zu diesem Stundenprotokoll!
Stichwort: Stundenprotokoll „C-Kurs"

Wir stellen Ihnen nun ein weiteres Beispiel zum ‚heimlichen Lehrplan' in der Schule vor. Darin beschreibt ein ehemaliger Schüler, der zusammen mit anderen Studenten den Unterricht seines Lehrers beobachtet, den täglichen „Kampf" in der Schulklasse. Diese Fallbeschreibung empfehlen wir insbesondere Lehrerstudenten (im Zusammenhang der Hospitation von Unterricht) als eine *Aufmerksamkeitsrichtung* zur Rekonstruktion des schulischen Alltags.

Disziplin-Konflikte

Der tägliche K(r)ampf

Gemeinsam in einem Raum eingesperrt halten Schüler und Lehrer Unterricht. Beide haben andere Bedürfnisse. Beide dürfen ihnen nicht nachgehen. Der Lehrer als Erwachsener und Arbeitender hat gelernt seine Bedürfnisse zu verdrängen, das zu tun, was von ihm verlangt wird: unterrichten. Seine Aufgabe: die Schüler genau darauf vorzubereiten. Doch sie wehren sich noch. Sie sind schwer kontrollierbar. Hier setzt der heimliche alltägliche K(r)ampf zwischen Lehrern und Schülern ein.

2 Jahre nach dem Abitur besucht ein ehemaliger Schüler zusammen mit anderen Studenten den Unterricht seines Lehrers.

Im Zwiespalt, sich mit den Schülern oder mit dem Lehrer zu identifizieren, tauchen seine Schulerinnerungen wieder auf.

Die Schwierigkeit Unterricht zu halten

Unruhe, Privatunterhaltung, Dazwischenreden.

Laute Stimme des Lehrers (L.).

Der L. geht hinaus. Sofort steigert sich die Lautstärkefrequenz der Klasse. Manche versuchen jetzt zwecklos zu arbeiten, zu lesen. Zwei schlagen sich auf die Schultern.

Kein Lautstärkerückgang bei Eintritt des L.

Nach Austeilen von Zetteln Durchlesen und Weiterreden.

L.: „Meine Damen und Herren, eh". Auf den Tisch schlagen.

„Alfred, sei mal bitte ruhig!" (sehr laut). Jeder fühlt sich trotz Nennung eines Namens angesprochen. Endlich kann man sich selbst verstehen.

Versuch, eine Diskussion zustande zu bringen:

Jemand meldet sich. L. muß für ihn um Ruhe bitten. Äußerste Lautstärke, oftmals erhobene Stimme, Nennung einzelner Namen.

L. versucht Diskussion. Man kommt zu keinem Ergebnis:

Oftmals längere Monologe einzelner.

Diskussionsbeiträge der Schüler gehen in der Lautstärke unter.

Bei Beiträgen gehen Unterhaltungen der anderen einfach weiter.

Mit lässiger Handbewegung unterbindet L. – als wäre es Nebensache – die Störversuche zweier Schüler: „Komm paß mal auf."

Wofür Gemeinschaftsgeist?

Ein Schüler stützt sich auf den Hintertisch auf, wendet sich von L. ab. Der beachtet ihn zuerst nicht, doch dann macht er den Schüler darauf aufmerksam.

Interessenlosigkeit noch an anderen Ecken.

L. entwendet auf charmante Art ein Buch, das nicht zur Lektüre gehört.

Der Lehrer, privat und in der Schule

Ein Konfliktfall: 2 Mädchen wollten auf der Klassenfahrt den L. verführen. Gestern passiert. L. hat auch gelacht. Heute findet er zum Ernst zurück. Klärt die beiden auf.

Viel Gelächter. Mädchen sagen, daß sei doch nur Scheiß gewesen. L. lädt beide zu sich nach Hause ein. Mädchen schieben andere Verabredungen vor. Sie wollen nicht kommen, vielleicht haben sie Angst.

Links vor mir das Mädchen sagt: „Das ist doch sau blöde, S. Das sieht jetzt so aus, als ob du Angst hättest, jetzt müßt ihr auch annehmen."

L. beendet Thema, läßt Lehrbuch aufschlagen.

Teilt Arbeitsgruppen ein.

Die beiden Mädchen neben mir reden immer noch über die Verführungsabsicht von S. und A. „Das kann ich mir so richtig vorstellen."

Arbeitsgruppen arbeiten mit Krach.

L. hört kaum jemand zu.

Jetzt ist Leerlauf (oder gerade nicht).

Problem der Verführung noch immer in den Köpfen.

Die beiden Mädchen sind nicht gut auf den Lehrer zu sprechen.

Der Direktor riet
- entweder die Mädchen nicht mitnehmen
- oder die Eltern anrufen
- oder zusammenstauchen (Konferenz androhen)
- oder mit der Klasse diskutieren.

Angst und Konkurrenz

L. verteilt Zettel: kurze Wiederholungsarbeit:
1077 Gang nach Canossa!

Jetzt wirds langsam ruhiger. A. konzentriert sich noch nicht. Links neben mir die Mädchen schreiben unheimlich eifrig.

Immer ruhiger.

L. macht Atmosphäre kaputt: „Noch 4 Minuten".

Klasse schreit auf. Das sei zu wenig.

„U., ich bitte dich, deine Informationen für dich zu behalten".

Ich sehe keinen, der abschreibt.

Wer schnell fertig ist, kann noch über die Kreuzzüge schreiben.

Oh, geht es mir gut, dieses elende Druckgefühl im Magen bei Arbeiten, diese fiesen Minuten, in denen ich meine Intelligenz prüfen mußte, weil ich nichts gelesen hatte und von dem Aufgeschnappten jetzt einen herrlichen Brei machen mußte, der so aussah, als ob er mit Wissen gefüllt sei.

Bei jeweils „So, jetzt Schluß", schreit die Klasse auf, wird erheblich unruhiger.

L. muß um Ruhe bitten.

L. bittet endlich mit Schreiben aufzuhören. Keiner will. Das Mädchen neben mir hat 2 Seiten vollgeschrieben.

Denkfabrik.

„Mensch, Leute, das muß ich ja korrigieren" – „Ja, darum sind Sie ja auch Lehrer geworden".

Allgemein gibts freies Reden. Nur unter der Oberfläche kann man noch Respekt und Angst finden.

So, die Arbeit ist beendet.

L. sammelt Arbeiten ein – ist das ein elendes Geschrei.

Jeder macht, was er will. L. muß schreien.

Die Klasse hat sich beruhigt.

Meine Kraft ist erschöpft, ich fühle mich wohl, ich werde mich jetzt zurücklehnen und nichts mehr tun, nur dann, wenn mir etwas besonderes einfällt.

3mal Stundenbeginn

1. Ich habe verschlafen und wie zu Schülerzeiten im Bett und auf dem Wege zur Schule, ständig überlegt, welche Entschuldigung am glaubwürdigsten wirkt und am meisten Verständnis hervorruft. Dann komme ich zur großen Pause in die Klasse.
   L. und Rektor unterhalten sich mit Annegret und Traute. Unbefangen kann ich einfach sagen, daß ich verschlafen habe.
2. Ich war vor Stundenbeginn in der Klasse. Alfred war mit dem Schal an den Kartenständer gefesselt und ging so durch die Klasse.
   Elke (Studentin) liest die 4 Leitfragen vor. Alfred hält Partnerschaft zwischen Lehrer und Schüler für selbstverständlich.
   Frage an Elke: „Was wollen Sie denn für'n Lehrer werden"?
3. L. ist schon in der Pause in der Klasse. Die Schüler kommen nach und nach herein, sind frei, reden, schreien, machen Späße.
   Vorhin, als der Direktor drin war, sind die Schüler wieder gegangen. Es gongt. Viele kommen lange nach Stundenanfang, gehen sogar noch einmal für einen kurzen Moment hinaus. L. kümmert sich nicht darum. Jetzt könnte es langsam losgehen.

Aus: b:e, extra V, 5/1974, S. 15–16.

Übungsaufgabe

- Was könnte die Aufmerksamkeit des beobachtenden Schülers geleitet haben?
- Gehen Sie in eine (Ihre ehemalige) Schule und schauen Sie sich dort einen Vormittag das Schulleben (Klassen-, Lehrerzimmer, Schulhof) als „teilnehmender Beobachter" an.

Notieren Sie Ihre stärksten Eindrücke. Versuchen Sie entlang des in Abschnitt 2.5 abgedruckten Beobachtungsschemas (mit Beobachtungsfragen) Ihre Beobachtungen zu strukturieren.
Stichwort: Der tägliche Kampf.

2.5 Beobachtungsfragen

Im folgenden Schema haben wir versucht, die bisher angesprochenen Aspekte von Unterricht in Form von Beobachtungsfragen (s. S. 49 und 50) zusammenzufassen.

Falls Sie Gelegenheit haben, Unterricht für kürzere oder längere Zeit zu beobachten, dann können Ihnen diese Beobachtungsfragen als Leitlinie und Hilfe bei der Beobachtung der komplexen Situation Unterricht vielleicht behilflich sein.

Mit diesen Fragen ist dabei selbstverständlich nicht die Gesamtheit der im Unterricht erscheinenden Momente abgedeckt. Sie konzentrieren sich darauf, *negative und behindernde* Einflüsse gezielt beobachtbar zu machen. Doch auch trotz dieser Beschränkung zeigt sich ein prinzipielles Problem jeglicher Unterrichtsbeobachtung; das System der Beobachtungsfragen ist bereits so umfassend, daß es unmöglich von Ihnen alleine bei der Unterrichtsbeobachtung insgesamt verwandt werden könnte. Erst recht ist keinerlei genauere Quantifizierung einzelner Momente angestrebt, noch machbar.

Der Zweck des Schemas ist erfüllt, wenn es Ihnen gelingt, *Beispiele* für die im Text angesprochenen Zusammenhänge zu beobachten und festzuhalten und darüber sensibel zu werden für Reibungs- und Konfliktpunkte des Unterrichts.

Beobachtungsfragen

Äußerliche Standardisierung der Unterrichtssituation	Dominanz formaler Leistungsbewertung	Herrschaftscharakter unterrichtlicher Interaktion
1. *Zeitökonomie* – wie wirkt sich die formelle Stundeneinteilung und -planung (hindernd oder störend) auf den Unterrichtsablauf aus? 2. *Raumökonomie* – welche Unterrichtsformen werden durch die vorhandene Räumlichkeit ermöglicht, welche verunmöglicht oder verhindert? – inwieweit oder wodurch wirkt die Räumlichkeit als Störquelle für den normalen Unterrichtsablauf? 3. *Standardisierung der Lerninhalte* – in welchem Ausmaß werden standardisierte Unterrichtsmittel verwandt (Schulbücher) und in welchem Maße individuell zugeschnittene? 4. *Kontrollcharakter der Unterrichtssituation* – inwieweit wird motorische Bewegung als Störquelle zum offenen Thema unterrichtlicher Interaktion?	1. *Praxisferne der Unterrichtssituation* – sind Inhalt und Ablauf des Unterrichts erkennbar bezogen auf – das spätere berufliche Leben, – das gegenwärtige außerschulische Leben der Schüler? – welche Medien bestimmen die gewöhnliche Unterrichtspraxis und welche wirken besonders motivierend auf die Schüler? 2. *Zielorientierung auf formale, abstrakte Leistung* – läßt sich eine unmittelbare motivierende und aktivierende Wirkung von konkreten Unterrichtsinhalten beobachten? – woran wird erkennbar, daß sich Schüleraktivitäten am Ziel einer guten, bzw. Vermeidung schlechter Zensierung orientieren? – ist ein auf die Zensierung bezogenes Konkurrenzverhalten der Schüler beobachtbar?	1. *Der hierarchische Charakter der Situation* – Wie viele Äußerungen macht der Lehrer pro Stunde, wie viele die Gesamtheit der Schüler? In welchem Verhältnis steht die Redehäufigkeit des Lehrers pro Unterrichtsstunde zur durchschnittlichen Redehäufigkeit/Std. eines Schülers? – kommt es vor, daß durchaus gültige subjektive Stellungnahmen von Schülern durch den Lehrer gemäß seiner subjektiven Position als sachlich falsch offen abgelehnt werden, obwohl die sachliche Richtigkeit nicht zur Debatte steht oder entschieden werden kann? – inwieweit wirkt die Handlungsfülle des Lehrers disfunktional auf den Unterrichtsablauf? – in welcher Form und in welchem Ausmaß werden die Schüler an der Auswahl der Unterrichtsinhalte und der Planung des Unterrichts beteiligt?

Äußerliche Standardisierung der Unterrichtssituation	Dominanz formaler Leistungsbewertung	Herrschaftscharakter unterrichtlicher Interaktion
– in welchem Ausmaß sind offene Beschränkungen von Sozialkontakten zu beobachten? 5. *Öffentlicher Charakter der Situation* – werden Unterrichtsbeiträge persönlichen Charakters unter Hinweis auf das offizielle Unterrichtsgeschehen behindert oder abgebrochen? – welche nicht-offiziellen Handlungen lassen sich beobachten? – wie viele Schüler sind am offiziellen und wie viele am nicht-offiziellen Unterrichtsgeschehen beteiligt? – versuchen Schüler, sich dem offiziellen Unterrichtsgeschehen räumlich oder optisch zu entziehen? Welche Mittel und Taktiken verwenden sie dabei? – lassen sich Schüler beobachten, für die eine offensichtliche Redebarriere existiert?	– wird vom Lehrer der Hinweis auf Zensierung als Mittel zur Aufrechterhaltung oder Steuerung des offiziellen Unterrichtsgeschehens verwandt? 3. *Dominanz der Wertung im Unterricht* – werden Zensierungen offen oder verdeckt, etwa nach der Unterrichtsstunde, vorgenommen? – ist für die Schüler erkennbar, ob ihre Äußerungen bewertet werden oder nicht? – werden offene Zensierungen vom Lehrer dazu benutzt, um die gesamte Persönlichkeit von Schülern positiv oder negativ zu etikettieren? – verwendet der Lehrer die Zensierung offen als Disziplinierungsmittel?	2. *Herrschaftscharakter der Lehrer-Schüler-Interaktion* – in welchem Verhältnis stehen die positiv-unterstützenden zu den negativ-beschränkenden Äußerungen des Lehrers? – verwendet der Lehrer Kommunikationsformen, die nicht umkehrbar, d.h. auch von den Schülern dem Lehrer gegenüber nicht verwendbar sind? – werden Schüler vom Lehrer negativ abgestempelt?

3. Schule: Eine totale Institution?

Vorbemerkung

Das soziale Leben in der Schule erinnert – so meinen wir – in vielerlei Hinsicht an das Unterleben, das Goffman[1] bei Insassen sogenannter totaler Institutionen, also Zwangsorganisationen wie Gefängnis, Militär oder psychiatrische Klinik, beobachtet hat. Dies ist eine kühne Behauptung und sicherlich ungewöhnliche Betrachtungsweise des schulischen Alltags. Wir vermuten, daß Ihre Reaktionen auf unsere Argumentationslinie zwiespältig sein werden. Unsere Vorgehensweise ist die, daß wir Sie zunächst mit dem Modell totale Institution sowie der Welt der Insassen totaler Institutionen in Anlehnung an Goffmans „Asyle" vertraut machen wollen.

Daran anschließend stellen wir Ihnen Erfahrungsberichte von Studenten einer „Präsenzhochschule" vor, die sich mit Goffmans „Asyle" auseinandergesetzt und dabei ihre eigenen Schulerfahrungen thematisiert und aufgearbeitet haben. Die Lektüre von Goffmans „Asyle" erfolgte unter der Fragestellung, mit der auch *Sie* sich den beiden nächsten Abschnitten zuwenden sollten, inwieweit nämlich die Welt der Insassen totaler Institutionen sich vergleichen läßt mit der Situation der Schüler in der Institution Schule. Dabei wäre es sicherlich unzutreffend und fragwürdig, die Schule *direkt* mit totalen Institutionen gleichzusetzen. Prüfen Sie vielmehr, ob die Institution Schule eine *Merkmalstendenz* zu einer totalen Institution hat. Begreifen Sie dabei totale Institution nicht als eine in sich geschlossene Kategorie, sondern als einen Begriff, der Merkmale einer besonders rigiden Art von Institution zu beschreiben versucht.

---

[1] Erving Goffman: Asyle. Über die soziale Situation psychiatrischer Patienten und anderer Insassen. Frankfurt 1973.

3.1 Goffmans totale Institution

3.1.1 Begriff und Merkmale

In unserer Gesellschaft lassen sich neben anderem zwei scheinbar unterschiedliche soziale Orte festmachen, in denen die Menschen nicht als Subjekte zur Geltung kommen können:

> „Zum einen stark hierarchisierte, durchrationalisierte und auf Gewinnmaximierung ausgerichtete Produktionsbetriebe, zum anderen bürokratische, stark reglementierte und auf Loyalität und Disziplin bedachte Institutionen"[1].

Mit bürokratischen, stark reglementierten und auf Loyalität und Disziplin bedachten Institutionen, z.B. Polizei, Militär, Gefängnis, psychiatrische Klinik, beschäftigt sich Goffman in seinem Buch „Asyle", dessen Überlegungen wir hier zusammenfassen wollen. Ihre Aufgabe ist es, in Rückerinnerung eigener Schulerfahrungen festzustellen, ob und inwieweit es Entsprechungen zwischen totalen Institutionen und der Institution Schule gibt.

Goffmans Grundthese lautet, daß der wichtigste Faktor, der einen Patienten prägt, nicht seine Krankheit ist, sondern die Institution, der er ausgeliefert ist; seine Reaktionen und Anpassungsleistungen gleichen denen der Insassen anderer totaler Institutionen, mit deren Hilfe die Gesellschaft sich funktionsfähig erhält. Soziale Einrichtungen – in der Alltagssprache *Anstalten (institutions)* genannt – sind Räume, Wohnungen, Gebäude oder Betriebe, in denen regelmäßig eine bestimmte Tätigkeit ausgeübt wird[2]. Es lassen sich verschiedene Wesensmerkmale aufzeigen, die die einzelnen Arten von Institutionen bestimmen. Einige Institutionen haben freien Zugang, z.B. Bahnhöfe. Bei anderen, z.B. Clubs, besteht Zutritt nur für bestimmte Personen, nämlich Club-Mitglieder. Weitere Institutionen, wie Dienstleistungsbetriebe, haben zwar einen festen Mitarbeiterstab, jedoch wechselndes Publikum. Und schließlich zeichnen sich – um ein weiteres Beispiel zu nennen – Fabriken durch eine schwache Fluktuation der Beteiligten aus.

---

[1] Ewald Johannes Brunner/Thomas Rauschenbach/Horst Steinhilber: Gestörte Kommunikation in der Schule. Analysen und Konzepte eines Interaktionstrainings. München 1978, S. 124.

[2] Erving Goffman, a.a.O., S. 15.

Dagegen ist eine totale Institution eine „Wohn- und Arbeitsstätte einer Vielzahl ähnlich gestellter Individuen, die für längere Zeit von der übrigen Gesellschaft abgeschnitten sind und miteinander ein abgeschlossenes, formal reglementiertes Leben führen“[1].

Wenn auch alle Institutionen tendenziell allumfassend sind, zeigen manche stärkeren totalen Charakter. D.h.: Obwohl für alle Institutionen eine Einschränkung des sozialen Verkehrs gilt, muß als besonderes Kennzeichen totaler Institutionen der nahezu völlige Bruch des sozialen Verkehrs mit der Außenwelt angesehen werden.

Goffman unterscheidet folgende Typen totaler Institutionen:
- Es gibt Anstalten für unselbständige, aber „harmlose“ Menschen, z.B. Alten-, Blindenheime, Waisenhäuser.
- Die zweite Gruppe hat auch das Merkmal der Unselbständigkeit ihrer „Insassen“, ist aber weiterhin dadurch gekennzeichnet, daß sie die Gesellschaft vor den „Insassen“ schützen muß. Beispielsweise Leprosorien, Tuberkulose-Sanatorien.
- Zur dritten Gruppe gehören Institutionen, die die Gesellschaft vor bestimmten Personen schützen, die für bewußt gefährdend gehalten werden. Ihr Wohlergehen steht dabei nicht im Mittelpunkt der Aufgaben dieser Institutionen, wie z.B. Zuchthäuser oder Konzentrationslager.
- Arbeits- und funktionstechnische Notwendigkeiten sind für Internate oder Kasernen Rechtfertigungsgrund ihres Bestehens. Sie gehören zur vierten Gruppe.
- „Zufluchtsorte vor der Welt“ und zugleich „religiöse Ausbildungsstätten“ sind totale Institutionen der fünften Gruppe, die in Form von Abteien und Klöstern zu finden sind.

An diese Einteilung knüpft Goffmans *idealtypische* Beschreibung der Merkmale totaler Institutionen an.

Zentrales Merkmal einer totalen Institution ist die Aufhebung der Grenzen zwischen den Lebensbereichen Freizeit, Arbeit und Familie. Der Angehörige einer totalen Institution arbeitet und spielt nicht mehr wie bisher mit wechselnden Partnern, unter verschiedenen Autoritäten und ohne einen umfassenden Plan. Alle Angelegenheiten des Lebens finden an ein und derselben Stelle unter ein und derselben Autorität statt. Die Mitglieder der Institution führen alle Phasen ihrer täglichen Arbeit in unmittelbarer

[1] Goffman, a.a.O., S. 11.

Gesellschaft einer großen Gruppe von Schicksalsgenossen aus, wobei allen die gleiche Behandlung zuteil wird und alle die gleiche Tätigkeit gemeinsam verrichten müssen. Alle Phasen des Arbeitstages sind exakt geplant, eine geht zu einem vorher bestimmten Zeitpunkt in die nächste über, und die ganze Folge der Tätigkeiten wird von oben durch ein System expliziter formaler Regeln und einen Stab von Funktionären vorgeschrieben. Die verschiedenen erzwungenen Tätigkeiten werden in einem einzigen rationalen Plan vereinigt, der dazu dient, die offiziellen Ziele der Institution zu erreichen.

Die in solchen Einrichtungen manifeste Trennung zwischen Personal und Insassen – das Personal ist im Gegensatz zu den Insassen gesamtgesellschaftlich voll integriert – zeigt sich besonders darin, daß die beiden Gruppen sich mißtrauisch oder sogar feindlich betrachten. Das Personal hält die Insassen für verbittert, verschlossen, unmündig und wenig vertrauenswürdig; die Insassen halten das Personal für hochmütig, niederträchtig, herablassend.

Das Personal fühlt sich überlegen und glaubt das Recht auf seiner Seite – Insassen werden häufig angeschrieen, oder man verheimlicht ihnen die Diagnose einer medizinischen Untersuchung oder züchtigt sie physisch oder psychisch. Die Insassen sind somit einem permanenten *Demoralisierungsprozeß* ausgesetzt; sie fühlen sich schwach, schuldig, unterlegen. Die Befriedigung ihrer wesentlichen Bedürfnisse wird von der Institutionsbürokratie kontrolliert, was zu Problemen der Freizeitbewältigung, der Arbeitsmotivation und in Verbindung mit den Demoralisierungsstrategien zur Minderung oder gar dem Verlust des Selbstwertgefühls führen kann.

3.1.2 Die Welt der Insassen

In diesem Abschnitt wollen wir Sie – wiederum in Anlehnung an Goffmans „Asyle“ – mit der Welt der Insassen totaler Institutionen vertraut machen. Insassen kommen mit einer bestimmten, durch heimische Umgebung geprägten Kultur in totale Institutionen und erfahren dort – bei längerem Aufenthalt – einen Verlern-Prozeß, eine *„Diskulturation“* (Beispiel: Gehirnwäsche). Diese „Diskulturation“ führt dazu, daß der Insasse im Falle seiner Entlassung nur unter großen Schwierigkeiten imstande sein wird, mit den Gegebenheiten der Außenwelt wieder fertig zu werden. Er wird nur einige Rollen re-etablieren und nicht in jedem Fall die „versäumte“ Zeit nachholen können. Totale Institutionen schaffen einen sofortigen Bruch mit der Vergangenheit. Mit dem Eintritt in die Anstalt wird der bisherige Lebenszyklus des Menschen von Grund auf zerstört. Der Insasse muß nahezu sämtliche Rollen seines bisherigen alltäglichen Lebens aufgeben und wird gezwungen, einen „neuen“ Lebenszyklus zu durchlaufen. Jeder Neuankömmling unterliegt den demütigenden *Aufnahmeprozeduren* der Anstalt wie: Abnahme der Fingerabdrücke, Entkleidung, Wiegen, Uniformieren. Er wird zum Objekt degradiert. Herabsetzende Ausdrücke wie „Stift“, „Moses“ machen ihm seine niedrige Position innerhalb seiner Insassen-Gruppe klar. Der *Verlust des Namens* ist ein weiteres Kennzeichen des Prozesses der Verstümmelung seines Selbst, ebenso wie der Austausch seiner eigenen Kleidung mit einer Uniform und die Wegnahme der persönlichen Habe, mit der der Insasse seine „Identitäts-Ausrüstung“ verliert. Zur persönlichen Verunstaltung kann durch körperliche Verstümmelungen die persönliche Entstellung kommen. Der Insasse wird häufig gezwungen, gegenüber dem Personal demütigende Körperhaltungen einzunehmen (z.B. Fußkuß bei Mönchen). Bei jeder Kleinigkeit (z.B. Feuer für die Zigarette) muß um Erlaubnis gefragt werden. Durch permanente Beschimpfungen erfährt der Insasse immer neue demütigende Behandlung. Er ist nicht imstande, wie „draußen“ eine Grenze zwischen sich und seiner Umwelt zu ziehen. Kollektive Schlafgelegenheiten, Gruppenbeichte, immer neue Sicherheitskontrollen, Entleerung unter Aufsicht, regelmäßige Kontrollen der Schlafstellen, Zensur der Post u.a. erlauben keinen Rückzug ins „Private“. Weiterhin typisch für das Leben in totalen Institutionen ist die *Einschränkung der Aktivitäten* und die geistige Unterforderung von Insassen sowie daraus folgend eine bei Insassen zu beobachtende Langeweile.

Eine Form der Zerstörung des formellen Verhältnisses zwischen dem Insassen und seinen Handlungen ist das sogenannte *„Looping“*. Damit ist folgendes gemeint: Ein Insasse provoziert, z.B. durch ein Schimpfwort, einen anderen, bezieht dessen Reaktion, die er auf Grund des Zusammenlebens kennt, in sein Kalkül ein und richtet seinen nächsten Angriff gerade gegen diese Reaktion. Der Insasse kann sich nicht – wie jeder Mensch „draußen“ – einfach einer Demütigung entziehen, seine Gefühle (Verachtung,

Ärger) zum Ausdruck bringen, sondern er muß sich fügen, da sonst eine weitere Strafe folgt. In totalen Institutionen gibt es für die Insassen keine *„persönliche Ökonomie des Handelns"*. Der Erwachsene kann hier nicht in seinem Tagesablauf nach eigenem Gutdünken verfahren, da alle Aktivitäten bis ins letzte Detail vom Personal reguliert und beurteilt werden.

Während der Erwachsene „draußen" meist nur der Autorität eines einzigen, unmittelbaren Vorgesetzten untersteht, kann jeder Insasse von jedem Mitglied des Personals diszipliniert werden. Die Wahrscheinlichkeit der Sanktionen wird somit erhöht. Die Insassen leben in permanenter Angst vor Übertretungen der Regeln und den daraus folgenden Strafen.

Als Begründung für die Angriffe totaler Institutionen auf das Selbst der Insassen stellt Krappmann fest:

> „Diese Institutionen bemühen sich, ihre Mitglieder beziehungsweise Insassen zunächst ihres früheren ‚Selbst' zu entkleiden, um ihnen ein neues ‚Selbst' verpassen zu können, dessen Bedürfnisstruktur der vollen Integration in die Institution keinen Widerstand mehr entgegenzusetzen vermag"[1].

Folgende Ziele und Methoden verfolgen – so Goffman – totale Institutionen bei ihren Angriffen auf das Selbst der Insassen:

- In religiösen Institutionen bemühen sich sowohl der Stab als auch die Insassen aktiv um die Einschränkung des Selbst. Erniedrigung wird durch Selbsterniedrigung, Schläge durch Selbstgeißelung oder Verhör durch Beichte ergänzt.
- In Konzentrationslagern und Gefängnissen geschehen die Demütigungen nur um der Demütigung willen.
- In anderen totalen Institutionen erfolgen Demütigungen unter recht verschiedenen Vorwänden, wie z.B. Verantwortung für das Leben (beim Füttern unter Zwang).

Wie reagieren nun die Insassen auf die Angriffe ihres Selbst? Wie reorganisieren sie ihre Identität unter den genannten Bedingungen? Wir können dabei folgende Reaktionsformen feststellen:

1. Einen Rahmen für die *persönliche Reorganisation* – Wiederaufbau des durch Demütigungen zerstörten Selbst – des Insassen bietet das Privilegiensystem:
   - Die „Hausordnung": Eine Sammlung von Verordnungen für den Insassen, die seinen ganzen Tagesablauf bestimmt.

---

[1] Lothar Krappmann: Soziologische Dimensionen der Identität. Strukturelle Bedingungen für die Teilnahme an Interaktionsprozessen. Stuttgart 1969, S. 112.

- Als Gegenleistung für seinen Gehorsam gegenüber dem Stab erhält der Insasse bestimmte Belohnungen und Privilegien (z.B. täglich eine Ration Alkohol bei der Marine).
- Bei Regelübertretungen folgen Strafen, die z.T. darin bestehen, dem Insassen seine Privilegien zu entziehen.

Besondere Merkmale des Privilegiensystems sind:

- Bei den Privilegien handelt es sich nicht um irgendwelche Vergünstigungen, sondern lediglich um eine Verringerung von Entbehrungen.
- Der Insasse stellt fest, daß bestimmte Verhaltensweisen den Zeitpunkt seiner Entlassung beeinflussen können.
- Strafe und Privilegien stehen in engem Zusammenhang mit dem Arbeitssystem der Anstalt, d.h. der Insasse kann an seinem Arbeitsplatz bestimmte Privilegien erwerben.

2. Eine weitere wichtige reorganisierende Funktion spielt die unter Insassen stattfindende *Fraternisation.* Damit ist gemeint, daß Menschen ohne soziale Bindung untereinander sich in bestimmten Situationen spontan gegenseitig Hilfe leisten. In Gefängnissen – so berichtet Goffman – entwickelt sich häufig ein Bewußtsein, zu Unrecht verfolgt zu werden und daraus resultierend ein Gefühl der Verbitterung über die Außenwelt. Dies führt in der Regel zu einer Solidarität und Cliquenbildung unter den Insassen. Das Personal ist aber meist bemüht, die Bildung von Cliquen und Kameradschaften zu unterbinden.
3. Die Insassen haben verschiedene Möglichkeiten, sich an das System der totalen Institution *anzupassen:*
   - Durch einen *Rückzug aus der Situation:* Der Insasse zeigt für nichts Interesse, außer für die Dinge, die ihn körperlich umgeben.
   - Durch einen *„kompromißlosen Standpunkt“:* Der Insasse bedroht die Institution absichtlich, indem er die Zusammenarbeit mit dem Personal offenkundig verweigert.
   - Durch die *„Kolonisierung“:* Der Insasse baut sich innerhalb der Institution eine stabile, relativ zufriedenstellende Existenz auf.
   - Durch *„Konversion“:* Der Insasse versucht, die Rolle des perfekten Insassen zu spielen.

Die meisten Insassen bedienen sich der Strategie des „Ruhig-Blut-Bewahrens“ (Konversion, Kolonisierung und Loyalität gegenüber der Gruppe), da sie so die besten Aussichten haben, physisch und psychisch keinen Schaden zu nehmen.

4. Auf eine vierte Form der Reaktion, nämlich die Etablierung eines ‚Unterlebens' „underlife", werden wir an späterer Stelle gesondert eingehen. Diese vier Reaktionsformen etablieren gewissermaßen ein kulturelles System, eine „Insassenkultur".

Zum Schluß möchten wir Ihnen noch einige Beispiele für *Zeremonien* in totalen Institutionen vorstellen. Bei den verschiedenen Arten von Anstaltszeremonien spielt das Personal totaler Institutionen eine wichtige Rolle. Eine der verbreitetsten Formen der Zeremonien ist die *Hauszeitung.* Normalerweise sind die Mitarbeiter Insassen, während die Aufsicht und Zensur einem Mitglied des Personals zufällt, das mit den Insassen sympathisiert und auch loyal gegenüber seinen Kollegen ist.

Eine etwas anders geartete Form der institutionellen Zeremonie ist die *Jahrfeier,* bei der das Personal und die Insassen bei Standardformen der Geselligkeit, wie gemeinsamem Essen, Gesellschaftsspielen oder Tanz, zueinanderfinden. Bei solchen Gelegenheiten ist es dem Personal und den Insassen erlaubt, sich über die Kastengrenze hinweg Freiheiten herauszunehmen und soziale Kontakte miteinander zu knüpfen. In manchen Fällen kann diese Freiheit sich bis zum rituellen Rollentausch erstrecken, wobei das Personal die Insassen bei Tisch bedient und andere niedere Dienstleistungen für sie ausführt.

Eine interessante Zeremonie ist das *Laientheater.* Die Schauspieler sind gewöhnlich Insassen, während Mitglieder des Personals Regie führen. Die Autoren der Stücke sind normalerweise Mitglieder der Institution und kommen aus den Reihen der Insassen oder des Personals. Das Publikum solcher Stücke setzt sich aus Personal und Insassen zusammen, obwohl es oft eine räumliche Trennung der Sitzordnung gibt.

Der Brauch des *Tages der offenen Tür* setzt sich immer mehr durch. An diesem Tag werden Verwandte von Mitgliedern oder sogar die allgemeine Öffentlichkeit eingeladen. Bei solchen Gelegenheiten kommen Stab und Insassen sichtbar gut miteinander aus.

Eine weitere Form der institutionellen Zeremonie ist der *Anstaltssport.* Das Team der Anstalt bildet meist eine Gruppe von Stars, die aus Wettkämpfen zwischen allen Insassen hervorgegangen ist. Durch lautstarkes Anfeuern der eigenen Mannschaft beweisen Personal und Insassen ein Engagement für die institutionelle Einheit. Angehörige des Stabes dürfen diese Mannschaft trainieren und gelegentlich auch aktiv mitwirken, wobei sie angeblich die sozialen Unterschiede ganz vergessen.

Bei all den erwähnten Beispielen der Anstaltszeremonien kommen dem Personal nicht nur Aufsichtsfunktionen zu. Oft nimmt ein hochgestellter Beamter als Symbolfigur des Managements und der ganzen Anstalt teil. Handelt er in dieser Eigenschaft, dann erfolgt seine Interaktion mit den Insassen in einer „gütigen“ Form.

3.2 Diskussion mit Studenten

Sie haben – nach Lektüre der vorangegangenen Abschnitte – vermutlich einige Überlegungen zum Vergleich totale Institution – Schule im „Hinterkopf“. Vielleicht zögern Sie noch, diese niederzuschreiben, weil sie Ihnen u.a. zu „unwissenschaftlich“ erscheinen. Um Ihnen diesen Skrupel zu nehmen und vorzuführen, daß auch an Hochschulen dieses Thema unter Einbeziehung der Schulerfahrungen der Studenten behandelt wird, drucken wir im folgenden Erfahrungsberichte von Studenten ab, die im Zusammenhang eines Seminars mit dem Thema „Schule: Eine totale Institution?“ im Wintersemester 1975/76 an der Universität Gießen entstanden sind (Dozent: Th. Heinze).

In dieser Veranstaltung setzten sich die Teilnehmer – vorwiegend Lehrerstudenten – mit Goffman's „Asyle“ auseinander, und zwar unter dem Blickwinkel: Inwieweit läßt sich die Welt der Insassen totaler Institutionen vergleichen mit der Situation der Schüler in der Institution Schule?

In dieser Auseinandersetzung sollten die eigenen Schulerfahrungen thematisiert und aufgearbeitet werden. Welche Schlußfolgerungen haben diese Studenten gezogen? Dazu möchten wir Ihnen Ausschnitte aus Diskussionsprotokollen von drei verschiedenen Arbeitsgruppen vorstellen. Nach Lektüre der Protokolle sind Sie hoffentlich „motiviert“, *Ihre* spezifischen Schulerfahrungen in diese Auseinandersetzung einzubringen.

Protokoll einer Arbeitsgruppe (A):

„Wir meinen, einige Punkte treffen sehr wohl auf die Schule zu. Hier wäre die Schuluniform zu nennen, die in einigen Ländern üblich ist. Die Persönlichkeit des Kindes wird eingeschränkt, da es seine eigene Kleidung nicht tragen darf (vgl. Gefängnis). Und auch die Demütigung wird sichtbar. Ein

Lehrer verunsichert seinen Schüler – dies wird in den unteren Klassen besonders deutlich – und demütigt ihn somit vor der ganzen Klasse, indem er ihn bloßstellt.

In früheren Jahren fand auch eine Art Enteignung statt, denn es durften keine persönlichen Dinge mit in den Unterricht gebracht werden. Der Lehrer hatte das Recht, zum Beispiel einer kleinen Schülerin ihre Puppe wegzunehmen und dem gerade eingeschulten Jungen zu verbieten, seine Spielautos mit in den Unterricht zu bringen."

Eine andere Arbeitsgruppe (B) sieht den Vergleich Schule – totale Institution aus der Rückerinnerung eigener Schulerfahrungen wie folgt:

„Entscheidender Unterschied zwischen totaler Institution und Schule: Die totale Institution hat die Kontrolle über alle Lebensbereiche der Insassen, d.h. sie bestimmt über Arbeitszeit und Freizeit. Demgegenüber kann der Schüler beliebig über die Zeit außerhalb der Schule verfügen ... Es wurden folgende Parallelen aufgezeigt: Auch in der Schule finden Demoralisierungsprozesse statt. Der Schüler wird gedemütigt, wenn der Lehrer oder seine Mitschüler ihn hänseln oder auslachen. Gleich dem Leben in den totalen Institutionen gibt es in der Schule das Belohnungs- und Strafsystem. Besonders gute Schüler werden gelobt und erhalten gute Noten. Der Lehrer kann das „Fehlverhalten" eines Schülers mit verschiedenen Mitteln bestrafen: Schlechte Noten, Nachsitzen, Strafarbeiten. Früher waren die körperliche Züchtigung oder das In-die-Ecke-Stellen an der Tagesordnung. Außerdem konnten die Schüler nicht dem Lehrer widersprechen. Die „Rache" der Schüler bestand und besteht aus Streichen, bei denen der Übeltäter anonym bleibt. Auch in der Schule hat sich ein „Anstaltsjargon" entwickelt. Geläufig sind die Ausdrücke wie „Penne", „Pauker" oder „der Alte", die allerdings nur von den Schülern in Abwesenheit der Lehrer gebraucht werden. Hingegen benutzen die Lehrer nur selten Schimpfnamen gegenüber den Schülern. Die Jungen werden häufig nur mit dem Nachnamen angeredet. Wie in totalen Institutionen gibt es auch in der Schule Kontrollen verschiedener Art, z.B. während einer Klassenarbeit Kontrolle von Spickzetteln, Ranzenkontrolle, um Ordnung von Schülern zu beurteilen (in der Grundschule), in den Pausen Kontrolle auf dem Schulhof, der nicht verlassen werden darf.

Während in totalen Institutionen alle Sanktionen vom Stab geplant und vorgeschrieben werden, liegt im Schulbereich die Durchführung der oben genannten Punkte im Ermessen des einzelnen Lehrers, d.h. es führen nur einige Lehrer diese Demütigungsprozesse durch.

Wie die Insassen mit dem Anstaltsleben fertig werden müssen, so versuchen die Schüler, je nach ihrer Einstellung zur Schule, die Schulzeit auf unterschiedliche Weise zu bewältigen. Es lassen sich vier Gruppen unterscheiden:

- Der Schüler „sitzt seine Zeit ab", tut nur das Nötigste, ist ansonsten am Schulbetrieb ziemlich desinteressiert.
- Der Schüler lehnt sich gegen den Lehrer (Schule) auf, paßt sich nicht an.
- Der Schüler akzeptiert die Schule, ist ganz zufrieden, da „es sein muß".
- Der Schüler will ein „perfekter Schüler" sein, tut mehr, als von ihm verlangt wird.

Es muß aber bei dem Vergleich Insasse-Schüler bedacht werden, daß in totalen Institutionen der Insasse völlig geändert werden soll, d.h. sein Ich wird zerstört und wieder neu aufgebaut. Dies geschieht in Form von Sanktionen. In der Schule werden die Kinder aber erst geprägt, die Notwendigkeit von Sanktionen ist daher nicht so groß" (Protokoll der Gruppensitzung).

Eine weitere Studentengruppe (C) äußert sich zu dieser Fragestellung wie folgt:

„Wir stellten fest, daß Schule keine totale Institution ist, verharrten aber nicht bei diesem Pauschalurteil, sondern differenzierten es. So wurde eingebracht, daß auch heute noch viele Eltern hinter autoritären Erziehungsmaßnahmen stünden und auch selber autoritär erziehen würden. Die Kinder kämen also von einer „erziehenden Institution" in die andere. Allerdings könnten sich Schulkinder nachmittags beim Spiel wieder abreagieren und ihr eigenes Rollenspiel erweitern. Sie sind also nicht nur in vorgefaßte Normen eingezwängt. Wir kamen zu dem Zwischenergebnis, daß Schule äußerlich nicht als totale Institution zu bezeichnen sei, daß aber das Verhalten der Lehrer und die Schule von ihrer Struktur her ohne weiteres als totalitär anzusehen sei. Woraus rekrutieren sich die Verhaltensregeln der Lehrer? Die Klassenziele stehen fest: Abitur, mittlere Reife o.ä. Diese müssen erreicht werden. Und um dieses, nicht vom Lehrer bestimmte, sondern vorgefertigte Ziel zu erreichen, würden auch die Lehrer in ein Rollenspiel gedrängt, das nicht ohne Repressalien sein kann. Demoralisierungsprozesse würden also oftmals dazu dienen, einem vorbestimmten Anspruch gerecht zu werden. Symptomatisch für den totalitären Einschlag seien auch Begriffe wie „Tag der offenen Tür", die man eigentlich nur aus totalen Institutionen kennt; oder die Art des Gebäudes. Schulen seien heutzutage doch meistens Betonbunker mit langen dunklen Gängen. Welchen Anspruch und welche Aufgaben hat eigentlich die Schule? Die gesellschaftliche Funktion von Schule besteht darin, möglichst schnell, mit möglichst wenigen Nebenwirkungen, möglichst viel Wissen in die Schüler hineinzupressen, um sie möglichst rasch und qualifiziert in den Produktionsprozeß zu entlassen und ihnen für ihre Freizeit und den späteren Beruf ein sozial adäquates Verhalten bereitzustellen. Der Rammbock sei jedoch immer wieder der Lehrer. Er sei auf der einen Seite Druck von oben ausgesetzt, auf der anderen Seite würden aber auch die Klassenfrequenzen immer stärker. Die Anpassungsphase an den Lehrer müsse daher konsequent abgewürgt werden, oftmals durch Sanktionen" (Protokoll einer Arbeitsgruppe).

In einer Plenumsveranstaltung wurden die hier abgedruckten Protokolle der drei Arbeitsgruppen von den Studenten diskutiert und wie folgt systematisiert:

„Drei wesentliche Merkmale totaler Institutionen kristallisierten sich heraus:

- Es gibt zwei klar voneinander unterscheidbare Mitgliedsgruppen, den „Stab" und die „Insassen";
- die Beziehung zwischen diesen beiden Gruppen ist stark komplementär, vor allem was das Kontroll- und Sanktionsrecht anbelangt;
- die „Insassen" stehen zur Institution in einem besonderen Abhängigkeits-

verhältnis, da ihnen verwehrt ist, „aus dem Felde zu gehen", bzw. da sie teilweise von der übrigen Gesellschaft völlig abgeschnitten sind (vor allem in Gefängnissen und geschlossenen Einrichtungen).

Eine totale Institution ist demnach eine mehr oder weniger stark von der Außenwelt abgetrennte Einrichtung, eine ghettoartige Insel bzw. eine „Welt in der Welt"[1], mit zwei unterscheidbaren Gruppen, wobei die eine die andere beaufsichtigt, kontrolliert und sanktioniert. Untersuchen wir die Schule hinsichtlich dieser drei Merkmale, so läßt sich feststellen,

- daß die Schule ebenfalls in zwei dominante, sich ausschließende Gruppen unterteilt werden kann, in „Lehrer" und „Schüler" bzw. in „Wissende" und „Nicht-Wissende" (die übrigen Angestellten können hierbei vernachlässigt werden);
- daß den Lehrern (offiziell) eine einseitige Bewertungs- und Sanktionsmacht zugeschrieben wird;
- daß die Schüler insofern von der Schule abhängig sind, als sie durch die Schulpflicht zur jahrelangen „Mitgliedschaft" genötigt sind und die Schule ihre Lebensperspektive erheblich mit beeinflußt."

Welche Konsequenzen hat die oben beschriebene Merkmalsstruktur für die Kommunikation und Interaktion zwischen Lehrer und Schüler? Bei den Reaktionsformen von Insassen totaler Institutionen auf Angriffe ihres Selbst haben wir auf die Etablierung eines „under-life" (Unterlebens) hingewiesen. Ein kennzeichnendes Moment totaler Institutionen ist die Notwendigkeit eines solchen „Unterlebens". Dies insofern, als durch eine solche „Überlebenstaktik" Reste einer Selbstbehauptung bei den Insassen möglich sind. Diese Feststellung bedarf einer Erläuterung. Wir haben verschiedentlich die Begriffe Unterleben und Überleben in einer Institution verwendet. Um eventuellen Mißverständnissen vorzubeugen, wollen wir diese zentralen Begriffe hier erläutern. Unterleben („underlife") bedeutet für eine Institution – so Goffman – dasselbe wie *Unterwelt* für eine Stadt. In der Institution Schule spielen sich die Aktivitäten der Schüler in zwei Hälften ab, in einer erlaubten und einer nicht zugelassenen, weil regelverletzenden. Das Unterleben umfaßt solche Handlungssituationen (Nischen), in denen die Beteiligten das offizielle Regelsystem in ihrem Sinne umtaufen. Das Unterleben wird vorrangig in Handlungssituationen, die *„Hinterbühnen*-Charakter" haben, thematisiert (während der Pause im Klassenzimmer, auf dem Schulhof, auf der Toilette). In Situationen, die sich auf der Bühne abspielen, also stärker kontrolliert werden, wie z.B. der Unter-

[1] Denken Sie an den Spruch: Nicht für die Schule, sondern für das Leben lernen wir!

richt, ändern sich die Bedingungen für die Entfaltung eines Unterlebens.

„Die Lehreranwesenheit zwingt die Schüler dazu, die Äußerungsformen des Unterlebens zu verschlüsseln und, wenn möglich, als unterrichtskonforme Handlungen zu tarnen. Da sie sich in einem Raum mit der Wächterautorität befinden, müssen die Schüler Sicht- und Hörbarrieren improvisieren, die den gut überschaubaren und kontrollierbaren Ort in eine unübersichtliche Landschaft kleiner ökologischer Nischen und persönlicher Depots verwandeln. Als Ansatzpunkte hierfür eignen sich die große Zahl der mithandelnden Mitschüler sowie die Einrichtungsgegenstände und Arbeitsmittel, die den Schülern während der Unterrichtszeit zur Verfügung gestellt werden. Das Unterleben der Schüler entfaltet sich demgemäß hinter dem Rücken der Vorderleute, unter der Bank, hinter einem aufgestellten Federmäppchen und dann, wenn der Lehrer der Klasse den Rücken zuwendet“[1].

Die Entfaltung eines Unterlebens macht für viele Schüler das Überleben in der Institution Schule erst möglich, weil dadurch Reste ihrer Selbstbehauptung (Identität) zur Geltung gebracht werden können (vgl. Kapitel 5).

Bezogen auf die Institution Schule folgern Brunner/Rauschenbach/Steinhilber[2] daraus, daß es auch dort innerhalb „starr reglementierter Zeitabläufe, routinisierter Handlungsweisen und sinnleerer Inhalte“ für die Schüler notwendig wird, „situationsspezifische Taktiken und heimliche, inoffizielle Situationsdefinitionen“ zu entwickeln, die sich unterhalb der offiziellen Organisation von Schule und Unterricht herausbilden und etablieren, z.B. in Form von „Geheim- oder Privatsprachen oder abgespaltenen Aktivitäten“.

„Da diese Anlagen und Fähigkeiten der Menschen in der Schule nicht systematisch gefördert und allseitig entwickelt werden, bleiben sie mehr oder minder privatisiert ... So entstehen in der herkömmlichen Schule Parallelprozesse: offizieller Unterricht auf der einen, abgespaltene Aktivitäten unter der Bank, auf dem Schulhof, in der Phantasieproduktion während des Unterrichts auf der anderen Seite“[3].

---

[1] Jürgen Zinnecker: Die Schule als Hinterbühne oder Nachrichten aus dem Unterleben der Schüler. In: Gerd-Bodo Reinert/Jürgen Zinnecker (Hg.): Schüler im Schulbetrieb. Berichte und Bilder vom Lernalltag, von Lernpausen und vom Lernen in den Pausen. Reinbek bei Hamburg 1978, S. 95.

[2] Ewald Johannes Brunner/Thomas Rauschenbach/Horst Steinhilber: Gestörte Kommunikation in der Schule. Analysen und Konzepte eines Interaktionstrainings. München 1978.

[3] Oskar Negt: Schule als Erfahrungsprozeß. In: Keine Demokratie ohne Sozialismus. Über den Zusammenhang von Politik, Geschichte und Moral. Frankfurt/M. 1976, S. 402.

Das hat aber – so Brunner u. a. – bestimmte Konsequenzen für die Beziehung zwischen Lehrern und Schülern:

„In jeden Fall stehen Lehrer und Schüler zunächst inmitten einer Organisationsform, die ihnen nur begrenzte Möglichkeiten beläßt, ohne „Unterlebens"-Strategien miteinander umzugehen. Daher entstehen eigentümliche Verzerrungen in ihren Interaktionsbeziehungen, sozusagen als unvermeidbare Beigabe institutioneller Bedingungen, ohne daß dies unmittelbar auf einzelne Lehrer oder Schüler zurückgeführt werden kann."[1]

Wie sehen *Sie* den Vergleich totale Institution – Schule? Versuchen Sie sich an Schlüsselszenen aus Ihrer eigenen Schulzeit (vielleicht verfügen Sie sogar über Tagebuchaufzeichnungen, Schulfotos, Aufsätze) zu erinnern.

Sprechen Sie mit Ihrem Partner, mit Verwandten oder Freunden über deren Schulerfahrungen („Alpträume"). Was erfahren Sie von Ihren Kindern über die Schule?

Versuchen Sie, die folgenden Fragen auf diese Weise möglichst *umfassend* zu beantworten:

Übungsaufgaben

1. Gab es in Ihrer Schulzeit ein Privilegiensystem, das zur Sicherung der Gehorsamsleistung der Schüler diente? Beschreiben Sie bitte die Merkmale dieses schulischen Privilegiensystems (Hausordnung, Belohnungen, Strafen).
2. Welche Formen der „Depersonalisierung" haben Sie erfahren bzw. bei Ihren Schulkameraden beobachtet?
3. An welche der folgenden „Anpassungsstrategien" können Sie sich erinnern?
   - Kollektive Subversion
   - Apathie, Regression, Depersonalisierung
   - Kompromißlose Ablehnung von Kooperation
   - Kolonisierung
   - Konversion
4. Gab es in Ihrer Schulzeit so etwas wie eine „Schülerkultur" als Pendant zur „Insassenkultur"?
5. Inwieweit gibt (gab) es in der (Ihrer) Schule „Anstaltszeremonien", die den Zweck haben (hatten), gemeinsames

[1] Ewald Johannes Brunner/Thomas Rauschenbach/Horst Steinhilber a. a. O., S. 127.

Engagement von Schülern und Lehrern zugunsten der Institution vorzuspiegeln (eine große Familie)?

6. Welche Rolle spielte und in welchem Rahmen vollzog sich Ihre Schulentlassung?
7. Gab es in Ihrer Schulzeit einen „Schülerjargon"? Welche Funktion erfüllte er?

Teil 2

Schülertaktiken als Versuch, Schule zu überleben

4. Einstieg: Ein Unterrichtsprotokoll

Um Sie in die Komplexität der im folgenden anzusprechenden Probleme einzuführen, werden wir zunächst Ausschnitte eines Unterrichts in einer neunten Hauptschulklasse darstellen und kommentieren. Diesen Unterricht haben wir beobachtet und mit einem Tonbandgerät aufgezeichnet.

Gegenstand des Unterrichts war eine auf Videoband aufgezeichnete Fernsehsendung. Im Klassenzimmer befanden sich ein Videorecorder und ein Monitor. Die Absicht des Lehrers bestand darin, die Schüler durch einen gezielten Arbeitsauftrag zu veranlassen, einen Textausschnitt aus dieser Sendung („Disco 73“) genauer zu betrachten. Die Auswahl der Sequenz sollte von den Schülern bestimmt werden. Außerdem sollten sie Planungsvorschläge für den weiteren Ablauf des Unterrichtsprojekts entwikkeln[1].

Unterrichtsprotokoll

(1) 4. Stunde, 10.38 Uhr Lehrer E faßt den Tenor der Diskussion der letzten Stunde zusammen, greift die Äußerung von Erika „mir stinkt's“ auf und schlägt der Klasse vor, darüber zu diskutieren.

(2) Andrea und Franz diskutieren darüber, welche Teile aus der Fernsehsendung „Disco“ die Klasse sich anschauen soll. Der Disput entzündet sich am Schlager „Bianca“ aus der „Disco“-Sendung. Franz ist der Meinung, daß das Lied zu schlecht sei, als daß es aufgezeichnet werden solle.

(3) Andrea: „Herr E, den Jungen gefällt halt mehr Beat und den Älteren gefällt halt so ‚Roy Black‘ und ‚Bianca‘“.

Beobachtungen und Kommentar

Die Klasse reagiert sehr verhalten auf den Vorschlag von Lehrer E. Wortmeldungen kommen nur von Andrea, Manuela und Rolf.

Insgesamt fehlen sieben Schüler, die auf der „Kirmes“ sind. Sieben Mädchen sitzen auf Tischen an der Wand neben der Tür.

Zu (2): Während des Dialoges zwischen Andrea und Franz ist die Mädchengruppe „auf den Tischen“ geistig abwesend vom Unterrichtsgeschehen. Ein Mädchen klopft mit ihren Fingern auf den Tisch, ein anderes liegt mit dem Kopf schlafend auf dem Tisch.

---

[1] Weitere Ausführungen dazu in: Thomas Heinze: Unterricht als soziale Situation. Zur Interaktion von Schülern und Lehrern. München 1976, S. 142f.

(4) Lehrer E: „„... Die Liste war doch von uns festgelegt worden! Wir haben sogar auf Wunsch der ganzen Klasse das ganze Disco gesehen. Jetzt versteh' ich nicht ganz, was ihr nun wieder sagt ... Wir haben doch alles gesehen".

Nach diesem Impuls von Lehrer E erfolgt eine heftige Diskussion der Delegationsmitglieder über die Auswahl der Fernsehsendungen.

(5) Franz: „Jürgen, du darfst dich jetzt nicht so sehr auf die Liste ... die du zusammengestellt hast ... das ist auch nicht immer die große Mehrheit! ..." Darauf setzt ein aggressiver Dialog zwischen Jürgen, Franz und Andrea ein.

(7) Lehrer E: „Die Gruppe ist nicht ausgewählt worden, euch aufs Korn zu nehmen." Lehrer E geht auf einen Vorschlag von Andrea (nicht verständlich) ein: „Das wär' doch ein klasse Anknüpfungspunkt für uns jetzt mal zu hören, warum ist dieser ‚Sullivan', oder wie dieser Typ heißt, so gut ..."

(8) Andrea: „Ei der sieht gut aus ... der hat ne gut' Hos' an, oder so ... Über sowas unterhalte' sich halt die Mädchen: Der hat ne gute Figur ... Wenn ihr (an die Jungen gerichtet) e Mädchen seht, he ... da guckt ihr auch, ob sie ein Miniröckchen hat, he ..."

Einige Jungen johlen und juchzen.

(9) Lehrer E: „Das ist doch der Bereich der Äußerlichkeiten ... da könnten wir doch den Vorschlag machen, daß wir uns so eine Stelle nochmal genau anschauen und den Text aufschreiben ..."

(10) Andrea: „Die meisten von uns können ja kein Englisch ..."

(11) Lehrer E: „Da können wir uns ja mal ne andere aussuchen, Andrea."

(12) Lehrer E: „Man kann sich die Stelle mit Ilja Richter aussuchen."

Zu (4): Lehrer E wird allmählich unsicher und auch ungeduldig, zumal er der Ansicht ist, genügend auf die Wünsche der Klasse eingegangen zu sein. Die Beteiligung an der Auswahl von Fernsehsendungen bestand darin, daß eine von der Klasse gewählte Schülerdelegation zusammen mit Lehrer E und uns (wissenschaftliche Begleiter) entschied, welche Sendungen, insbesondere welche Sequenzen aus ihnen, im Unterricht behandelt werden sollten. Lehrer E versteht nicht, warum trotz dieses Verfahrens Kritik geübt wird. Sein Tonfall mutet an, als ob er „beleidigt" wäre.

10.59 Uhr: Während des Statements von Lehrer E spielt Martina mit einer Fliege neben mir (Th. H). Sie kichert dauernd und versucht, die Aufmerksamkeit der in ihrer Nähe sitzenden Klassenkameraden auf sich zu lenken.

Zu (7): Lehrer E greift in den expressiven Dialog ein, indem er den Streit zwischen Jürgen und Franz durch einen sachlichen Hinweis schlichtet. Gelegen kommt ihm der Vorschlag von Andrea, weil er einen Ausweg aus der verfahrenen Situation sucht. Also greift E ihn auf und verstärkt ihn.

11.04 Uhr: Die Mädchengruppe an der Wand bewegt ihre Beine pendelnd hin und her und folgt teilnahmslos.

Zu (8): Hier wird zum ersten Mal von einer Schülerin ein Bezug aus ihrer außerschulischen Lebenswelt zum Lerngegenstand („Disco") hergestellt. Inhalt und Form (Sprache) dieser lebensnahen Situationsdefinition provozieren einen Tumult in der Klasse.

Zu (9) bis (11): Lehrer E bricht an dieser Stelle eine ernsthafte Situation ab, indem er die Erfahrungen von Andrea als Äußerlichkeiten diskreditiert. Auch wenn sie nur am

Franz: „Wo er die alte Frau verarscht?"

Lehrer E: „Warum macht er das?"

Nach einer Weile: „Wir machen jetzt zehn Minuten Pause."

Rande von Bedeutung sein mögen, bei den Schülern rufen sie ein starkes Interesse hervor; das dürfte an dieser Stelle – wo ohnehin sehr starkes Desinteresse zu beobachten ist – von größerer Bedeutung sein als die strikte Einhaltung der kognitiven Zielsetzungen aus der Stundenplanung. Lehrer E macht weitere Vorschläge, die allerdings im Tumult der Klasse untergehen, und forciert das Unterrichtstempo (12).

Nach Ende der 4. Stunde bitten wir Andrea, Martina, Beate, Rolf, Pia und Carola, mit uns eine Diskussion über diesen Unterricht zu führen.

Nachdem wir jedem Schüler erklärt hatten, warum wir gerade ihn zum Gespräch eingeladen hatten („Bei Andrea ist uns aufgefallen, daß sie sich sehr stark am Unterricht beteiligt hat – du, Martina, hast versucht, eine Fliege zu fangen [Gelächter] – Rolf hat fast während der ganzen Stunde mit seinem Nachbar gesprochen" usw.), forderten wir sie auf, uns ihren Eindruck über die eben abgelaufene Unterrichtsstunde mitzuteilen.

Übereinstimmend stellen die Schüler fest, daß sie das Thema ‚Disco' nicht mehr interessiere, darüber sei schon zu lange diskutiert worden. Rolf: „Ich kann nicht die ganze Stunde lang durcharbeiten, das macht mich irgendwie krank." Er sagt, daß er dem Unterricht oft nur mit einem Ohr folge, und dies sehr gut beherrsche. Wenn etwas Interessantes behandelt würde, höre er wieder ganz zu. Auf unsere Frage, woran es liegt, daß die Klasse insgesamt so wenig Interesse an diesem Unterrichtsprojekt zeige, antwortet Rolf: „Die meisten sagen sich, noch ein paar Monate, da schaff' ich nicht mehr viel, da streng' ich mich nicht mehr an. Man tut nur noch das Notwendigste, die Hausaufgaben, daß man keine blauen Briefe mehr kriegt." Einhellig ist die Gruppe der Meinung, das mangelnde Interesse sei nicht auf Lehrer E zurückzuführen.

Die Hauptkategorie, mit der die Schüler ihre Unterrichtsstörungen interpretieren, ist die Langeweile. Um sie zu verbergen, bedienen sie sich zum Teil subtiler Taktiken, wie etwa der des *„abgeschirmten Engagements":* Sie spiegeln Aktivität vor, während sie mit anderen Gedanken beschäftigt sind. Hinter dieser groben Kategorie „Langeweile" ist viel verborgen: Einige Schüler haben eine lange negative Lerngeschichte in bestimmten Fächern durchlaufen, die in der Grundschule ihren Anfang nahm. Sie schalten bereits ab, wenn sie nur Rechnen oder Rechtschreiben hören. Andere Schüler wissen überhaupt nicht, was sie mit den Unterrichtsgegenständen anfangen sollen, oder sie können sich nicht engagieren, weil viele Lehrer das Thema so langweilig darstellen.

Schüler deuten in der Regel ihre Taktiken nach dem Erklärungsschema Interesse/Desinteresse, hat Spaß gemacht/hat keinen Spaß gemacht. Wenn der Unterricht Spaß macht, sind sie konzentriert und orientieren ihr Verhalten am Lerngegenstand und an der Unterrichtsführung. Hat ihnen der Unterricht keinen Spaß gemacht, sind sie desinteressiert und beschäftigen sich mit sich selber oder mit ihren Nachbarn und verwenden eine Gestensprache, die gegenüber dem Unterricht störend wirkt.

Diese Interpretation der Schüler ist zutreffend und ernstzunehmen. Sie umfaßt allerdings nicht den ganzen Bedeutungshorizont dieser Gesten. Schließlich enthalten die Deutungsversuche der Schüler noch keinerlei Hinweise auf strukturelle und institutionelle Merkmale der Situation Unterricht. Wenn wir auf strukturelle und institutionelle Merkmale eingehen, dann erweist sich Unterricht als eine Zwangssituation.

Zu den Zwängen gehört, daß sie mit bestimmten gleichaltrigen Kindern in einer Klasse sitzen und unter der Regie autoritätsgebietender Erwachsener lernen müssen. Daraus entwickelt sich bei vielen Schülern eine Routine, diese Situation zu bewältigen, und eine mit den Jahren zunehmende Entfremdung von der Schule. Das Ergebnis ist eine eigene „Interaktionskultur" im Unterricht, mit der die Schüler Distanz, Widerstand etc. ausdrücken. Viele der Disziplinprobleme, mit denen Lehrer konfrontiert werden, sind Resultat dieser Überlebensstrategien der Schüler im Unterricht.

5. Sekundäre Anpassung in der Schule

5.1 Einführung

Nachdem Sie einen Einblick in die Welt der Insassen totaler Institutionen erhalten und sich mit der Frage beschäftigt haben, ob und inwieweit das Schulleben Analogien zu dieser Welt aufweist, wollen wir in diesem Kapitel auf einer theoretisch-analytischen Ebene diese Frage weiter verfolgen. Uns interessieren hier die Erscheinungsformen, Ursachen und Konsequenzen „sekundärer Anpassungsmechanismen" von Schülern in verschiedenen Schulformen.

Erinnern Sie sich noch einmal daran, wie Insassen versuchen, mit der totalen Institution fertig zu werden. Als eine Anpassungsstrategie haben wir bei der Beschreibung der Reaktionsformen von Insassen auf Angriffe ihres Selbst die Etablierung eines Unterlebens als Möglichkeit des Überlebens in der totalen Institution hervorgehoben.

Der Begriff sekundäre Anpassung als Pendant zu primärer Anpassung ist der Publikation von Erving Goffman über „totale Institutionen" entnommen[1]. Goffman versteht unter primärer Anpassung ein Verhalten, das sich die Vorstellungen und Verhaltenserwartungen einer Institution, in der sich ein Individuum zwangsweise befindet, zu eigen macht.

Sekundäre Anpassung definiert er demgegenüber folgendermaßen:

> „Darunter verstehe ich ein Verhalten, bei welchem das Mitglied einer Organisation unerlaubte Mittel anwendet oder unerlaubte Ziele verfolgt, oder beides tut, um auf diese Weise die Erwartungen der Organisation hinsichtlich dessen, was er tun sollte und folglich was er sein sollte, zu umgehen. Sekundäre Anpassung stellt eine Möglichkeit dar, wie das Individuum sich der Rolle und dem Selbst entziehen kann, welche die Institution für es für verbindlich hält"[2].

Grundsätzlich kann man als Voraussetzung für die Existenz sekundärer Anpassungsmechanismen annehmen, daß die Rollenzuweisung durch die Institution nicht mit der Selbstdefinition des

---

[1] Erving Goffman: Asyle. Über die soziale Situation psychiatrischer Patienten und anderer Insassen. Frankfurt 1973, S. 185f.

[2] Erving Goffman, a.a..O., S. 185

Individuums übereinstimmt und es auch nicht die Möglichkeit hat, etwa durch Verlassen der Institution, sich der Rollenzuweisung zu entziehen. Eine Funktion sekundärer Anpassung ist es daher, eine Schranke zwischen Institution und Individuum zu ziehen, in einer durch Zwang zur Unterwerfung bestimmten Situation eine Spur von Autonomie zu wahren oder zumindest den Schein von Autonomie aufrechtzuerhalten. Deshalb kann sekundäre Anpassung durchaus zur Stabilität der Institution beitragen, und zwar dann, wenn sie gemäßigt in Erscheinung tritt. Goffman unterscheidet denn auch destruktive und gemäßigte Formen. Destruktive Formen zeichnen sich dadurch aus, daß jegliche Kooperation und Kompromißbereitschaft mit der Institution abgelehnt wird. Die Reaktion der Organisation auf sekundäre Anpassung ist durchaus zwiespältig. Zum einen reagiert sie tolerant, ja sogar mit der offiziellen Legitimierung dieser oder jener Formen, zum anderen zeigt sie schärfere Disziplinierungsmaßnahmen, um die Möglichkeiten zu deren Ausübung zu unterbinden.

Widmen wir uns jetzt der Frage, inwieweit der oben explizierte Begriff von sekundärer Anpassung auf die *Schule* zu übertragen ist. Zunächst muß dieses Vorhaben problematisch erscheinen. Kaum jemand wird behaupten, daß die Schule in solchem Maße Besitz vom Leben der Schüler ergreift, wie das in totalen Institutionen der Fall ist. Wir müssen daher in der Institution Schule nach Voraussetzungen und Organisationsmerkmalen suchen, die sekundäre Anpassung erst sinnvoll erscheinen lassen. Hier gilt es also festzustellen, inwieweit die Autonomie und Selbstbestimmung der Schüler hinter institutionellen Rollenerwartungen zurücktreten und welche Verhältnisse die Schüler veranlassen könnten, die erwartete Rolle abzuwehren.

Zunächst kann man feststellen, daß Schule eine Zwangsanstalt ist in dem Sinne, daß jeder Bürger im Alter von sechs bis fünfzehn Jahren sie zu besuchen hat, andernfalls er mit polizeilichen Maßnahmen rechnen muß.

Weiteres charakteristisches Merkmal der Schule als Institution ist, „daß sie zwar auf das Leben und die Arbeit vorbereiten soll, daß sie aber von diesem Leben und dieser Arbeit abgetrennt ist, die Schule ist ein von der übrigen Gesellschaft isolierter Bereich.“[1] Typisch für sie ist ihre hierarchische Struktur. „Als

[1] Carol Hagemann-White, Reinhart Wolff: Wie's in der Schule wirklich aussieht. In: betrifft: erziehung, 8/1975, S. 31

Schule einer Gesellschaft, die durch Ungleichheitsverhältnisse geprägt ist, ist sie eine Institution, die von Ungleichheit und Machtgefälle gekennzeichnet ist."[1] Die Schüler befinden sich in dieser Hierarchie an unterster Stelle. Diese Situation hat für sie die Konsequenz, daß das, was, in welcher Form, wann und warum gelehrt und gelernt wird, ja weitergehend „wann und wie oft einer die Toilette aufsuchen darf",[2] und vieles mehr formal geregelt und aus der Hierarchie vorgegeben wird. Das Geschehen in der Schule und besonders auch die Beziehung zwischen Schüler und Lehrer sind in einem Maße formalisiert, daß Fürstenau von entpersönlichten Verhältnissen spricht[3]. Die zunehmend zweckrationale und leistungsorientierte Organisation der Schule schränkt die Möglichkeiten der Triebbefriedigung und des Verhaltens ein auf institutionskonformes, formales Unterrichtsverhalten. So hat Siegfried Bernfeld schon in den zwanziger Jahren die Einübung in die Institution durch Vermittlung von Tugenden wie Fleiß, Disziplin und Unterordnung als den wesentlichen Effekt schulischer Erziehung anerkannt. „Die Schule – als *Institution* – erzieht"[4].

Wie reagiert denn nun der „Insasse" Schüler auf die Institution Schule?

Wir wollen dazu zunächst auf „auffälliges" Verhalten von Schülern achten, die sogenannten Disziplinprobleme. Diese Disziplinprobleme definieren wir als sekundäre Anpassungsstrategien, mit deren Hilfe Schüler versuchen, Schule zu „unterleben" bzw. ihren Protest gegen die ihnen aufgezwungenen Bedingungen auszudrücken. Wir finden eine Vielzahl solcher Strategien, die in der Literatur unter Begriffen wie *Verhaltensprobleme* und *Disziplinprobleme* auftauchen. Daß wir diese Begriffe nicht übernehmen, sondern eine Terminologie benutzen, die aus Untersuchungen über totale Institutionen stammt, ist zum einen von der Absicht getragen, Parallelen herauszuarbeiten. Andererseits gewinnt die Kritik an den gegenwärtigen Verhältnissen in der Schule durch einen solchen Vergleich deutlich an Brisanz.

---

[1] Hagemann-White/Wolff, a.a.O., S. 32

[2] Ebenda, S. 32

[3] Peter Fürstenau: Zur Psychoanalyse der Schule als Institution. In: Das Argument, 6/1964

[4] Siegfried Bernfeld: Sisyphos oder die Grenzen der Erziehung. Frankfurt/M. 1973, erstmals 1925, S. 28

5.2 Sekundäre Anpassungsmechanismen in der Schule

5.2.1 Gemäßigte sekundäre Anpassung

In diese Kategorie können wir wohl die meisten in der Schule gebräuchlichen Strategien einordnen. Kennzeichnend ist hier, daß die institutionellen Normen unterlaufen werden, um schulische Gratifikationen mit unerlaubten Mitteln zu erreichen. Die Gratifikationen selbst werden nicht in Frage gestellt. Hier wären besonders das Mogeln bei Arbeiten, das Abschreiben von Hausaufgaben und auch das Anschwindeln der Lehrer, um Strafen zu vermeiden, zu nennen (vgl. Kapitel 6). Der Hintergrund dieser Strategien ist wohl im *Leistungsprinzip* und dessen Sinnfälligkeit zu suchen. Die Gratifikationen, im wesentlichen Noten, haben für den Schüler Bedeutung, da seine Zukunft in starkem Maße davon abhängt. Daß die Leistung, die dafür erbracht werden muß, dennoch vielfach erschwindelt wird, liegt an den Besonderheiten des *schulischen* Leistungsprinzips. „Schöpferisch-produktives Entfalten eigenen Könnens und Wissens gehört sicherlich zu den größten Befriedigungen eines jeden Menschen ...“[1]. Doch eine so verstandene Leistung wird in der Schule am wenigsten verlangt. Vielmehr ist die erwartete Leistung von den Bedürfnissen der Schüler abstrahiert, sie ist fremdbestimmt und erscheint als Selbstzweck. D.h. die Motivation des Schülers, einen bestimmten Stoff zu lernen, ergibt sich nicht aus der Aktualität und Relevanz des Stoffes für sein konkretes Leben, sondern der Stoff ist abstrakt, nur um seiner selbst willen zu lernen, eigentlich nur, um eine gute Note zu erreichen. Dieser Abstraktheit der Unterrichtsinhalte, deren erster Schritt bereits die didaktische Aufbereitung von Wirklichkeit ist, entspricht eine ebenso abstrakte Sinngebung. „Die Orientierung an dem in der Schule einzuleitenden, im Anschluß an den Ausbildungsprozeß einlösbaren Erwerb materieller und immaterieller Gratifikationen und an Chancen eines durch Konkurrenzverhalten erreichbaren sozialen Aufstiegs, ist eine schale und brüchige, eigentlich sinnlose Zielsetzung[2].“

---

[1] Klaus Hurrelmann: Soziale Koordinaten des Disziplinproblems. In: betrifft: erziehung, 11/1975, S. 39

[2] Hurrelmann, a. a. O., S. 39

Die Mechanismen des Mogelns treten nach einer Untersuchung von Fend u. a.[1] in besonderem Maße in Realschulen und Gymnasien auf. Dies dürfte wohl auf die erhöhten Leistungserwartungen in diesen Schulzweigen und vor allem auf die – im Gegensatz zur Hauptschule – noch plausible Legitimierung dieser Leistungserwartungen zurückzuführen sein. Doch speziell zum Problem der Legitimation kommen wir später noch einmal zurück. Festzuhalten ist, daß „die Mogeltechniken (...) als Defensivstrategien zur Minimierung derartiger möglicher negativer Konsequenzen (Noten, d. A.) verstanden werden (müssen)“[2]. Des weiteren gehören in die Gruppe der sekundären Anpassungsmechanismen verschobene Aggressionen, wie etwa das Verprügeln von Klassenkameraden und das Zu-spät-Kommen. Diese Mechanismen führen uns jedoch schon zur Gruppe destruktiver sekundärer Anpassungen, da sie tendenziell in den Kategorien Rowdytum und Absentismus erfaßt werden können, die zu den destruktiven sekundären Anpassungsformen gehören.

5.2.2 Destruktive sekundäre Anpassung

Hierher gehören mutwillige Zerstörung schulischer Einrichtungsgegenstände, die Provokation von Lehrern (das Stundenprotokoll von Karin Teichler gibt hierfür eine Anschauung[3]), das Schwänzen (Absentismus) und die Lernverweigerung. Diese Anpassungsstrategien finden wir nach der schon genannten Untersuchung von Fend u. a. in besonderem Maße in *Haupt-* und *Gesamtschulen* vor. Dieser Tatbestand bedarf einiger Erläuterungen. Hier kommen wir auf die *Legitimationsproblematik* zurück. Die Schule bereitet die Schüler auf das Leben als Erwachsene vor und behauptet, „es bestehe ein funktionierender Zusammenhang zwischen schulischen Leistungen und nachschulischen Belohnungen (insbesondere beruflichen), so daß es im Eigeninteresse jedes Schülers liege, den Leistungsansprüchen nachzukommen“[4]. Da-

---

[1] Helmut Fend u. a.: Über Rowdy- und Mogelfaktor, Unordentlichkeits- und andere Syndrome. In: betrifft: erziehung, 11/1975

[2] Fend u. a., a. a. O., S. 50

[3] Karin Teichler: Eine Stunde im C-Kurs. In: betrifft: erziehung, 11/1975. Abgedruckt in Abschnitt 2.4.2

[4] Klaus-Jürgen Tillmann: Soziale Erfahrungen im Schulunterricht. In: betrifft: erziehung, Sonderdruck, Seminartext, 10/1974, S. 28

mit wird ein schulisches Leistungs- und Konkurrenzprinzip als Äquivalent zu entsprechenden gesamtgesellschaftlichen Prinzipien legitimiert. Den Schülern wird hiermit suggeriert, es gäbe so etwas wie Chancengleichheit, d.h. jeder Schüler könne, erbringe er nur die erwarteten schulischen Leistungen, im späteren Leben sozial aufsteigen. Nun muß man aber bedenken, daß Schüler je nach ihrer sozialen Herkunft mit grundsätzlich verschiedenen Voraussetzungen zur Schule kommen, diese aber einseitig in ihrem Wert- und Normensystem an der Mittelschicht[1] orientiert ist. Chancengleichheit muß unter diesen Voraussetzungen in Ideologieverdacht geraten. Am ehesten ist im Gymnasium mit seiner relativ homogenen Mittelschicht-Klientel die Legitimation der Schule akzeptabel. Der soziale Aufstieg ist hier durch Studium und gehobene Angestellten- und Beamtenberufe möglich. Daher treffen wir destruktive sekundäre Anpassungen in diesem Schulzweig auch relativ selten an. Die behauptete Bedeutung schulischer Gratifikationen ist prinzipiell akzeptabel und wird daher selten abgelehnt. Zum anderen werden in starkem Maße Leistungs- und Konkurrenzprinzip in der familiären Sozialisation der Mittelschicht vermittelt. Die von der Schule erwarteten Verhaltensweisen sind bei diesen Kindern daher in gewissem Umfang schon vorhanden[2].

Anders sieht es in der Hauptschule aus. Die Legitimation ist zwar dieselbe, die Schülerschaft rekrutiert sich jedoch nur zum kleinsten Teil aus der Mittelschicht. Den Hauptanteil machen in dieser Schule die Arbeiterkinder aus. „Aus der Lebenssituation der Arbeiterschaft, die vor allem durch kollektive Unterordnung, grundsätzlich unsichere Lebenslage und fehlende Aufstiegschancen geprägt ist, ergibt sich, daß dort individueller Aufstieg durch individuelle Leistung kein akzeptierter Zielbezug ist“[3]. Empirische Untersuchungen belegen, daß die konkrete Lebenserfahrung der Arbeiter dem schulischen Wert- und Legitimationssystem wi-

---

[1] Vgl. hierzu: Ulrich Oevermann: Sprache und soziale Herkunft. Frankfurt 1972
Hedwig Ortmann: Arbeiterfamilie und sozialer Aufstieg. München 1971

[2] Vgl. dazu: Hans G. Rolff, Elke Nyssen: Sozialisation und Auslese durch die Schule. Heidelberg 1972
Klaus Mollenhauer: Sozialisation und Schulerfolg. In: Deutscher Bildungsrat: Begabung und Lernen. Gutachten und Studien der Bildungskommission. Stuttgart 1968

[3] Tillmann, a.a.O., S. 29

derspricht[1]. Dieser Widerspruch ist jedoch nicht nur sozialisatorisch bedingt, sondern wird von den Schülern in der Schule selbst erfahren.

„Die offenkundige Schwierigkeit, in der Hauptschule kontinuierliche Lernprozesse zu organisieren, kann nicht verstanden werden, wenn man nicht nach dem Zusammenhang sowohl der institutionalisierten Lernformen wie der Lerninhalte mit dem Alltag und der Lebensperspektive der Schüler fragt. Die diskursive, sprachlich zentrierte Aneignungsweise ist für Arbeiterkinder offenbar eine aufgezwungene Aneignungsform, deren Entwicklung durch die objektiven Bedingungen des gesellschaftlichen Lebens verhindert wird. Sie wird in der Familie und am Arbeitsplatz nicht gebraucht. Ein Arbeiter braucht diskursives Denken – wenn überhaupt – immer nur in Verbindung mit gegenständlicher Tätigkeit, und meistens kann ihm Reflexionsfähigkeit nur Ärger einbringen.“[2]

Während die Schule für ihre Leistungserwartungen sozialen Aufstieg verspricht, eröffnet der Hauptschulabschluß faktisch nicht mehr als die Alternative: Berufslehre oder Hilfsarbeit. Die Hauptschüler, und darunter besonders die leistungsschwachen, sind aus diesen Gründen kaum zu schulischer Leistungserbringung bereit. Jedoch „ordnen sich Arbeiterkinder in dieser Hauptschule in der Regel dann unter, wenn diese deutlich den Aspekt der Machtbehauptung, Kontrolle und Disziplinierung hervorkehrt“[3]. Damit befindet sich die Hauptschule in einem „Teufelskreis“. Wir dürfen wohl annehmen, daß die Verhaltensprobleme und Lernunlust der Hauptschüler Reaktionen auf die dauernd erlebten Widersprüche sind. Der Lehrer steht nun unter dem Zwang, Lernprozesse zu initiieren. Dem stehen jedoch die institutionell bedingten Verhaltensweisen der Schüler gegenüber. Der „Teufelskreis“ besteht darin, daß „der Druck, den der Lehrer auf die Schüler ausübt, die Lernverweigerung der Schüler verfestigt, (wodurch) wiederum autoritäre Verhaltensmuster des Lehrers stabilisiert (werden)“[4].

---

[1] Vgl. Projektgruppe Jugendbüro und Hauptschülerarbeit: Die Lebenswelt von Hauptschülern. München 1975

[2] Helmut Hartwig: Ein Vormittag in der Hauptschule. In: Ästhetik und Kommunikation, 20/1975, S. 17

[3] Tillmann, a. a. O., S. 30

[4] Dagmar Hänsel/Elke Nyssen: Hauptschulunterricht: Wie die Restschule sozialisiert. In: betrifft: erziehung, 8/1975, S. 35

5.3 Sozialpsychologischer Ansatz zu einer allgemeinen Erklärung sekundärer Anpassungsmechanismen bei Schülern

Während in den vorangegangenen Abschnitten das Phänomen *sekundäre Anpassung* in erster Linie von institutionellen Merkmalen im Zusammenhang mit der Einbettung der Institution Schule in unsere Gesellschaft her erklärt wurde, wollen wir Ihnen im folgenden einen sozialpsychologischen Ansatz vorstellen, der sich auf allgemeiner Ebene mit sekundären Anpassungsmechanismen auseinandersetzt.

Das Individuum ist nach diesem Ansatz mit sozialen Organisationen durch Pflichten und emotionale Bindungen verknüpft. Eine soziale Bindung an eine Organisation beinhaltet jedoch eine gewisse Vorstellung der Organisation bezüglich der Identität der Angehörigen. Diese können, wenn ihre Selbstdefinition mit den Vorstellungen der Organisation nicht übereinstimmt, dies im Extremfall durch die Verweigerung dessen, was von ihnen erwartet wird, bekunden oder im anderen Extremfall die Vorstellungen der Organisation über sie für ihre Selbstdefinition als verbindlich anerkennen. „Will man (nun) untersuchen, wie die Individuen sich an die Tatsache, daß sie identifiziert und definiert werden, anpassen, so wird man darauf achten müssen, in welcher Form sie ihr Interesse für die Aktivitäten der Organisation bekunden"[1]. Die Aktivitäten, die verlangt werden, werden von der Organisation, da sie für sie lebenswichtig sind, durch ein System positiver und negativer Sanktionen abgesichert. Die Wertmaßstäbe für diese Sanktionen zu setzen, nimmt die Organisation in aller Regel für sich in Anspruch. Damit wird aber das soziale Sein eines jeden Teilnehmers unmittelbar betroffen. „Wenn daher jede soziale Institution als ein Ort angesehen werden kann, wo systematisch Konsequenzen für das Selbst eintreten, dann können wir sie folglich auch als einen Ort ansehen, an dem der Teilnehmer sich systematisch mit diesen Konsequenzen auseinandersetzt. Vorgeschriebene Aktivitäten unterlassen oder sie in unvorschriftsmäßiger Weise oder zu unvorschriftsmäßigen Zwecken ausführen heißt, das offizielle Selbst und die ihm offiziell verfügbare Welt abzulehnen. Eine Handlung vorschreiben heißt, eine Welt vor-

[1] Goffman, a.a.O., S. 174

schreiben; sich vor einer Vorschrift drücken heißt, sich vor einer Identität drücken"[1]. Mit den umfassenden Vorstellungen der Organisation bezüglich des Charakters der Teilnehmer setzt sich der einzelne interpretativ im Sinne des Aushandelns von Identität und des Autonomiebestrebens auseinander. Goffman:

„Wir stellen fest, daß die Beteiligten sich irgendwie weigern, die offizielle Auffassung darüber, was sie der Institution schulden und was diese ihnen schuldet, und darüber hinaus, welches Selbst und welches Milieu sie für sich akzeptieren sollten, zu übernehmen"[2].

Die Funktion sekundärer Anpassung ist es, die Identität im Konflikt zwischen offizieller Erwartung und Selbstdefinition auszubalancieren und eine Distanz zwischen Individuum und Organisation aufrechtzuerhalten. So definiert Goffman das Individuum folgendermaßen:

„Es ist eine Stellung beziehende Entität, ein Etwas, das eine irgendwo zwischen Identifikation mit einer Organisation und der Opposition gegen diese gelegene Haltung einnimmt, und es ist bereit, beim leisesten Zwang sein Gleichgewicht wieder herzustellen, indem es sein Engagement in die jeweilige Richtung verlagert"[3].

Wenden wir uns nun auf diesem Hintergrund der Schule zu. Die Mittel, mit denen Schule versucht, ihre Vorstellungen von sozialer Identität an die Schüler heranzutragen, finden wir in den schulischen Ritualen. „Sie (die Rituale, d. A.) verdeutlichen allen Beteiligten (Akteuren wie Zuschauern) mit den Mitteln symbolischer Repräsentation die Bedingungen, unter denen sie Mitglieder des Systems sind oder werden können: Welche Werte sie akzeptieren, welchen Normen sie sich unterwerfen, welchen Herrschaftsstrukturen sie sich anpassen müssen"[4]. Insbesondere die Leistungsrituale geben dem Schüler die Möglichkeit, sich von den institutionellen Erwartungen zu distanzieren. Leistungsrituale haben nämlich einen doppelten Charakter: Zum einen ist in der spezifisch schulischen Form der Gratifikation und in spezifischen Formen der Leistungserbringung eine Distanz zur gesellschaftlichen Wirklichkeit ausgedrückt, zum anderen drücken sie Übereinstimmung mit dem allgemeingültigen Leistungsprinzip als

[1] Goffman, a. a. O., S. 183

[2] Ebenda, S. 290

[3] Ebenda, S. 291

[4] Franz Wellendorf: Schulische Sozialisation und Identität. Weinheim/Basel 1973, S. 67

wesentliche Legitimation von Schule aus. Je weiter diese beiden Aspekte auseinanderklaffen, desto größer ist die Möglichkeit der Schüler, mit Verweis auf die Realität die offiziellen Identitätsmuster abzulehnen (In Abschnitt 5.2.2 haben wir die Problematik der Legitimation erörtert).

5.4 Fazit

Sekundäre Anpassung bedeutet so etwas wie Identitäts-Balance durch Anpassungswiderstand spezifischen Erwartungen gegenüber und durch Anpassung insoweit, daß sie ein Überleben in der Situation trotz spezifischer Erwartungen sichert.

Wir können festhalten, daß sekundäre Anpassungsmechanismen nicht nur in totalen Institutionen auftreten, sondern in allen sozialen Einrichtungen. Die sekundären Anpassungsmechanismen drücken nun nicht die prinzipielle Ablehnung der Rolle aus. Vielmehr dienen sie der Balance zwischen sozialer und persönlicher Identität, sind also weitgehend dem institutionellen Rahmen, der die soziale Identität definiert, verhaftet.

Totale Institutionen ergreifen vollkommen Besitz vom Leben ihrer Insassen, und zwar auf einer materiellen, ökonomischen und psychischen Ebene. Die Insassen totaler Institutionen werden „bis auf das Gerippe entblößt“[1]. Daher findet man in diesen Organisationen neben Formen des Absentismus vor allem solche Mechanismen vor, die der unerlaubten Erreichung materieller Güter dienen. Es besteht eine totale ökonomische Abhängigkeit der Insassen von der Institution. In der Schule ist diese Abhängigkeit nicht direkt gegeben. Die hier erreichbaren Gratifikationen sind im wesentlichen symbolischer Natur (die Noten etwa). Schüler haben die Möglichkeit, sich stärker und bestimmter der Institution zu entziehen, zumal wenn die symbolischen Gratifikationen (bei leistungsschwachen Hauptschülern) keinen Wert haben. Außerdem läßt die begrenzte Verfügungsgewalt der Schule über Schüler diesen die Möglichkeit, über die vielfältigen Formen von psychischem Absentismus hinausgehend, sich tatsächlich physisch dann und wann zu entziehen (schwänzen).

Betrachtet man jedoch die tatsächlichen Effekte von Schule, so hat sie zweifellos einen totalen Charakter, denn viele der vermit-

[1] Goffman, a.a.O., S. 291

telten Eigenschaften nehmen lebenslänglich vom Schüler Besitz. Man denke hier an Autoritätskomplexe oder Unmündigkeit; zum anderen ist die Abhängigkeit des Schülers von der Schule, wenn nicht direkt, so doch bedingt, auch ökonomischer Art. Schule ist, allen Legitimationsproblemen zum Trotz, das „Sprungbrett ins Leben". Beruf und soziale Stellung des Erwachsenen sind nicht zuletzt von Schulzeugnissen abhängig, ja durch sie determiniert. Dies alles sind Ergebnisse der Funktion der Schule als Sozialisationsinstanz der Gesellschaft. Der totale Charakter von Schule ergibt sich letztlich aus dieser Funktion.

Zum Schluß noch einige Bemerkungen zum Stellenwert des Modells totale Institution. Dieses Modell als Kontrastfolie zu traditionellen Beschreibungen des schulischen Alltags hat – wenn wir es in den Kontext einer Wissenschaftssystematik einordnen – deskriptiven Charakter. Mit diesem Ansatz können wir Hypothesen über die Institution Schule formulieren, die im Zusammenhang einer sozial-geschichtlichen Analyse und empirisch fundierten Theorie von Schule aufgegriffen und weiter differenziert werden müssen.

6. Formen von Schülertaktiken

Vorbemerkung

Um das *spezifische* Eigenleben im Unterricht zu beschreiben, halten wir die Beobachtungskategorien für besonders geeignet, die Goffman zur Beschreibung von „Strukturen und Regeln der Interaktion im öffentlichen Raum" entwickelt hat[1]. Goffman geht davon aus, daß die Gesellschaft den Individuen in öffentlichen Situationen besondere Anstandsformen (Regeln) abverlangt. Unterricht ist eine besonders stark vorstrukturierte soziale Situation. Dies zeigt sich an den Forderungen, die an das Engagement der Lerngruppe gerichtet werden. Es gehört zu den Anstandsformen von Unterricht, daß Schüler sich ganz ihrem Hauptengagement, dem Lernen, hinzugeben haben. Untersagt sind Nebenengagements und geistige Abwesenheit. Aufgrund des öffentlichen Charakters der Situation Unterricht kann die Einhaltung der Anstandsformen vom Lehrer und von den Mitschülern stark kontrolliert werden. Dies zwingt die Schüler zu *heimlichen Taktiken* des Überlebens. Diese Taktiken der Schüler sind zumeist nichtsprachlicher Natur und lassen nicht erkennen, ob es sich um eine eindeutige Regelverletzung handelt. Sie tarnen sich gern als Formen legitimen Unterrichtsverhaltens. Treten diese heimlichen und ambivalenten Taktiken im Unterricht gehäuft auf, werden sie vom Lehrer in der Regel als Störmanöver interpretiert. Daneben gibt es solche Taktiken aus dem Verhaltensrepertoire der Schüler, die eine offene Provokation bzw. einen Angriff auf die Regeln der sozialen Situation Unterricht darstellen. Diese offenen Verhaltenstaktiken sind ebenfalls Ausdruck der „Interaktionskultur" der Schüler. Die Umgangstaktiken im Unterricht sind keinesfalls unabhängig von Schulform, sozialer Klassenlage oder persönlicher Lernbiografie der Schüler. Während z. B. im Gymnasium das Unterlaufen des Leistungsprinzips (Mogeln) im Vordergrund steht, häufen sich in der Hauptschule provokante Schülertaktiken, die gegen die bürgerlichen Anstandsnormen der Schule gerichtet sind.

---

[1] Erving Goffman: Verhalten in sozialen Situationen. Strukturen und Regeln der Interaktion im öffentlichen Raum. Gütersloh 1971

Ein Beispiel für solche provokante, gegen die bürgerlichen Anstandsnormen der Schule gerichtete Schülertaktiken stellt Ihnen Helmut Hartwig vor, der an einem Vormittag Hauptschulunterricht beobachtet hat.

„Intermezzo: Ein Pärchen schmust. Er ruft nur manchmal dazwischen: wann hören wir mit dem Gerede auf. Wann fangen wir an. Plötzlich. Gekicher. Sie hat ein Präservativ herausgeholt und zieht es in die Länge, versucht mit dem Gummi zu knallen. Die Aufmerksamkeit ist geteilt. Es ist aber nicht schwer, in der Diskussion weiterzumachen. (Am Rande: wie kann sich ein Mittelschichtlehrer an die „Schamlosigkeit" anpassen?) Noch zur Sache: Ich komme nach der Pause an die kleine Öffnung, durch die alle Schüler hindurch müssen, wenn sie in den ummauerten Schulhof wollen. Drei Mädchen lehnen verrucht an der Mauer: eine pfeift und meint: na Süßer! Ich sage: nicht jetzt – und meine, die Situation angemessen bewältigt zu haben"[1].

Als theoretische Hilfe[2] für die Systematisierung von Schülertaktiken greifen wir auf einige Interpretationsmuster zurück, die Goffman seinen Analysen des gegenwärtigen gesellschaftlichen Alltags zugrunde legt[3]. Wir beziehen diese Kategorien auf die soziale Situation Unterricht.

Immer, wenn Individuen in einer Situation zusammentreffen, findet Kommunikation statt, auch wenn nicht gesprochen wird, denn allen Dingen – z.B. Kleidung, Haltung, Gestik, Mimik etc. – wird eine bestimmte Bedeutung beigemessen. Es gibt – so Goffman – eine körperliche Symbolik, eine Sprache individueller Erscheinungen und Gesten, die universal ist, d.h. die beim Akteur hervorruft, was sie auch bei anderen hervorruft, die unmittelbar anwesend sind. „Nun können diese durch den Körper vermittelten, expressiven Zeichen zur Modifikation all dessen benutzt werden, was ein einzelner mit seiner Feststellung einem anderen gegenüber meinen kann"[4]. Deshalb ist die Analyse von inter- bzw. intrapersonalen[5] Taktiken problematisch, auf jeden Fall langwie-

---

[1] Helmut Hartwig: Ein Vormittag in der Hauptschule. Schulische Lern- und Aneignungsformen und die Planungsrationalität didaktischer Modelle. In: Ästhetik und Kommunikation, 20/1975, S. 19

[2] Die Ausführungen dieses Abschnittes sind – weitgehend unverändert – entnommen aus: Thomas Heinze: Unterricht als soziale Situation. Zur Interaktion von Schülern und Lehrern. München 1976, S. 124–131

[3] Erving Goffman: Verhalten in sozialen Situationen. Strukturen und Regeln der Interaktion im öffentlichen Raum. Gütersloh 1971

[4] Ebenda, S. 42

[5] Interpersonale Taktiken der Schüler sind solche Tätigkeiten, die ausdrück-

rig: Wenn man Gestik und Mimik beobachtet, stellt man fest, daß diese Zeichen immer zweideutig, doppelbödig sind. Selbst wenn bestimmte Personen in ihrer Gestik etwas Bestimmtes ausdrükken, so können sie nachher immer sagen, so meine ich das gar nicht. „Indes ist es der besondere Charakter vieler solcher Gesten und Blicke, betrachtet man ihren Kommunikationsgehalt, daß sie nicht so leicht auf einen Punkt auszurichten oder abzuschirmen sind, sondern im Extremfall dazu tendieren, für jedermann in der Situation in ihrem Umfang erkennbar zu sein. Während außerdem im Gegensatz zur Sprache diese Zeichen sich nicht zu eignen scheinen für lange, weitschweifige Botschaften, scheinen sie sehr wohl dazu angetan, Informationen über die sozialen Attribute des Agierenden zu vermitteln, über das Bild, das er von sich selbst, von den anderen und der gesamten Veranstaltung hat“[1].

Im folgenden geht es um die *„Engagementsprache“* und Regeln, welche die Zuwendung von Engagement betreffen. „Wenn der einzelne im allgemeinen in der Situation sozial ganz präsent sein soll, muß er ein bestimmtes Maß an Wachheit leisten als Beweis seiner Verfügbarkeit für potentielle Stimuli, und seine persönliche Erscheinung muß bis zu einem gewissen Grad organisiert sein ...“[2]. Im Schulunterricht kann der Ausdruck eines ganz bestimmten Maßes an Zuwendung der Schüler zur jeweiligen anlaßgemäßen Aktivität“ der Unterrichtsstunde[3] als obligatorisch definiert werden, insofern, als zumindest der Lehrer dieses Maß an Zuwendung der Schüler erwartet, es sozusagen als *„situationelle Anstandsform“* definiert. Häufig differieren aber die Vorstellungen von Lehrer und Schülern über die *„situationellen“ Regeln* der Zuwendung von Engagement (Engagementsprache). Die folgenden Kategorien beschreiben Regeln, die die Zuwendung von Engagement (der Schüler) betreffen.

---

lich auf andere Personen gerichtet sind und deren Reaktion zu beeinflussen trachten; – intrapersonal sind z. B. alle egozentrischen Aktivitäten (alle Taktiken des *Selbstengagements,* wie z. B. in der Nase bohren, Briefchen schreiben, gehören dazu).

1 Erving Goffman, a. a. O., S. 42

2 Ebenda, S. 39

3 Im Rahmen eines Unterrichtsprojekts „Wahlen in der BRD“ kann z. B. die „anlaßgemäße Aktivität“ einer Unterrichtsstunde die Veränderung von Wahlplakaten in der Form des Entwurfs von Collagen sein.

6.1 Abgeschirmtes Engagement

Es gibt häufig Situationen im Unterricht, in denen das Gefühl (subjektive Engagement) von Schülern nicht zusammenfällt mit dem offiziell vom sozialen Anlaß her (vom Lehrer z.B.) geforderten Engagement. Aus Angst vor negativen Sanktionen (die Manifestation des subjektiven Engagements kann als Regelverletzung definiert werden) verbirgt man inadäquates (subjektives) Engagement und trägt angemessenes (anlaßgemäßes) zur Schau. So können z.B. Schüler sich nicht mit einer Sache (Lerngegenstand) identifizieren und sind deshalb nicht mit den Engagementregeln (zumeist definiert aus der Sicht des Lehrers) einverstanden. Sie zeigen nicht das offiziell geforderte Engagement, sondern bedienen sich inter- bzw. intrapersonaler Taktiken, die die Funktion von Schutzwällen und Barrieren haben, die also ihr subjektives Engagement, das negativ sanktioniert würde, gegen Wahrnehmung schützen sollen. Das kann dadurch geschehen, daß sie die Wahrnehmung der körperlichen Anzeichen oder die Gegenstände des Engagements blockieren. Engagementschutz kann also als ein Mittel definiert werden, „das dem einzelnen ermöglicht, den Eindruck angemessenen Engagements aufrechtzuerhalten, während er in Wirklichkeit seine situationellen Pflichten verletzt[1]. Ein Beispiel für solche Schutzvorkehrungen, die Desinteresse an der Situation vertuschen sollen, stammt von einer Schülerin (sechste Realschulklasse): „Bei Herrn M in Mathematik, wenn Herr M sagt, jetzt überlegt euch mal, was dazu zu sagen ist, dann tue ich so, als ob ich angestrengt nachdenke, in Wirklichkeit bin ich mit den Gedanken woanders.“ Die Anwendung solchen Schutzes sagt – so konstatiert Goffman – ebensoviel aus über die Macht der situationellen Anforderungen wie über die Tendenz einzelner, nach Mitteln zu suchen, sich ihnen zu entwinden[2].

Man könnte aus dem bisher Gesagten schließen, daß ein Wohlverhalten in der Situation (im Unterricht) schon durch volle Hingabe des Ich an ein dem Anlaß entsprechendes Hauptengagement garantiert sei. Dies ist insofern trügerisch, als in den meisten Unterrichtssituationen die volle Hingabe der Schüler nicht erwünscht ist (Formen des *„Überengagements“:* völliges Aufgehen in einer Situation, z.B. Recken des Armes und Schnippen mit den

[1] Erving Goffman, a.a.O., S. 49

[2] Ebenda, S. 49

Fingern beim Melden, werden häufig vom Lehrer negativ sanktioniert), vielmehr eine durch *Nebenengagements* dokumentierte Selbstkontrolle gefordert wird; „unter Nebenengagement können solche Aktivitäten verstanden werden, die ein einzelner durchaus leicht zerstreut betreiben kann, ohne damit die gleichzeitige Pflege des Hauptengagements zu bedrohen oder zu vermengen“[1]. Eine gängige Form von *Engagementkontrolle* findet bei Mahlzeiten statt: langsam essen, dem anderen nichts vom Teller nehmen etc.

6.2 Selbst-Engagement

Selbst-Engagement definiert Goffman als eine egozentrierte, selbstvergessene Handlung. Beispiele im Unterricht: Briefchen schreiben, malen, in den Haaren wühlen, in der Nase bohren, mit der Haarspange spielen, mit dem Zirkel die Fingernägel reinigen, Schiffchen bauen etc. Während es dem einzelnen, solange er allein ist, erlaubt ist, Selbstengagement zu zeigen, wird dies in Situationen mit anderen (z.B. im Unterricht) häufig als Regelverletzung definiert.

Wir haben Taktiken des Selbst-Engagements von Schülern in verschiedenen Unterrichtssituationen beobachtet.

Welchen Stellenwert einzelne Taktiken des Selbst-Engagements der Schüler aber im Untericht haben, war unseren Beobachtungen nicht zugänglich. Deshalb haben wir im Anschluß an Unterrichtsbeobachtungen Gespräche mit von uns besonders intensiv beobachteten Schülern geführt (vgl. Abschnitt 6.8) Aus unseren Gesprächen mit diesen Schülern über die Bedeutung, die ihrer Meinung nach verschiedene inter- bzw. intrapersonale Taktiken im Unterricht haben, können wir nicht folgern, daß z.B. ein unmittelbarer Zusammenhang zwischen Taktiken des Selbst-Engagements und der Unterrichtsthematik besteht. Gabi: „Ich glaube nicht, wenn man Briefchen schreibt oder malt, daß das Thema dann nicht interessant ist; man hat vielleicht keine Lust, oder man ist nicht drangekommen.“ Thomas: „Man bedient sich solcher Taktiken, weil man nicht drankommt. Man kann ja nicht Krawall schlagen. Es ist anstrengend, wenn man zuhören muß und nichts tut.“ Bernd: „Wenn's einem nicht gefällt, was der

[1] Erving Goffman, a.a.O., S. 51

Lehrer macht, fängt man an zu reden, macht Krach und stört. Wenn man die Zeit überbrücken will, dann setzt man sich hin und malt etwas." Obwohl einige Schüler (einer 6. Realschulklasse) sagten, sie würden sich verschiedener Taktiken des *Selbst-Engagements* bedienen, „wenn's langweilig ist", stellte die Mehrheit von ihnen fest, daß Taktiken des *Selbst-Engagements,* wie Malen, kein Hinweis für Desinteresse seien, „man stört ja dabei nicht." Offene Unruhe (hoher Geräuschpegel) sei dagegen ein Zeichen für Desinteresse. Verschiedene Taktiken des Selbst-Engagements lassen sich unterschiedlich interpretieren: Entweder als Formen der Zurückgezogenheit, Gleichgültigkeit und des Protestes gegenüber dem Unterrichtsgeschehen oder aber auch als Ausdruck höchster Konzentration. Auf jeden Fall haben sie für die Schüler eine Ventil-Funktion, und zwar in allen von den Schülern hier angesprochenen Unterrichtssituationen.

Eine weitere Dimension des *Selbst-Engagements* sind die sogenannten „kreatürlichen Ventile": flüchtige Handlungen, die der Selbstkontrolle des einzelnen entgehen und für einen Augenblick seine „animalische Natur" sichtbar machen (fluchen, gähnen, rülpsen u.a.). „Sie scheinen eine kurze Befreiung von Spannungen zu gewähren, unter welchen der Mensch leidet, wenn er sich ständig und gänzlich im sozialen Gewand aufhält"[1].

6.3 Geistige Absenz

Unter geistiger Absenz (away) versteht Goffman eine vorgespiegelte Aktivität in einer sozialen Situation bei gleichzeitiger Beschäftigung mit eigenen Gedanken (emigration). Beispiele für geistige Absenz sind das Wiederauflebenlassen von Erfahrungen oder das Einstudieren von zukünftigen Handlungen in Form von Träumerei, Geistesabwesenheit etc. „Auf jeden Fall ist Träumerei ein beredetes Zeichen für die Entfernung von allen öffentlichen, konkreten Angelegenheiten innerhalb der Situation"[2]. Weitere Formen der geistigen Absenz sind das „Zu-sich-selber-Sprechen", d.h. die Unterhaltung mit den Mitteln der Sprache und Gestik, in welcher die Person, zu der man spricht, man selbst ist; hierher gehört auch das Sprechen mit einer fiktiven Person,

---

[1] Erving Goffman, a.a.O., S. 73

[2] Ebenda, S. 74

indem man sich z.B. überlegt, was man einer anderen Person sagen will[1]; ferner das *„Spielzeug-Engagement“*, d.h. die Dokumentation geistiger Absenz durch Kritzeleien, Zusammensetzspiele oder Konzentration auf einen bestimmten Punkt.

6.4 Okkultes Engagement

Normalerweise ist man aus geistiger Absenz leicht in die Wirklichkeit zurückzurufen, oder man ist sich zumindest bewußt, daß man sich nicht mit der gegenwärtigen Realität beschäftigt. Beim okkulten Engagement wird der Eindruck vermittelt, der Betreffende wisse gar nicht, daß er abwesend ist (die Psychiatrie spricht in diesem Fall von Halluzinationen und Wahnvorstellungen). Während der aus einer Gedankenverlorenheit Aufgeschreckte sofort in die Realität (Situation) zurückkehren kann, ist dies beim okkulten Engagement nicht möglich. Da die Hintergründe für okkultes Engagement nicht durchschaubar sind, wird ein solches Verhalten zumeist als pathologisches definiert. Vielleicht ist es eher die Art, gar nicht anwesend und nicht jederzeit erreichbar für die Versammelten zu sein, als die jeweilige Besonderheit des unvorschriftmäßigen Verhaltens selber, die den störenden Eindruck entstehen läßt“[2]. Auch der „Normale“ kann in die Situation kommen, daß sein Verhalten für okkultes Engagement gehalten wird. In diesem Moment wird er versuchen, sein Verhalten zu erklären und seine Normalität zu beweisen[3]. Die Okkultheit einer Handlung ist ihr nicht immanent, sondern unterliegt der Definition jeweiliger Bezugsgruppen.

6.5 Augensprache

Eine weitere Dimension innerhalb der Kategorien, die eine Systematisierung inter- bzw. intrapersonaler Taktiken der Schüler ermöglichen, stellt die Augensprache dar. Neben den verbalen Äußerungen, Gesten, Bewegungen, der visuellen und kognitiven

[1] Erving Goffman, a.a.O., S. 77

[2] Ebenda, S. 81

[3] Ebenda, S. 82

Aufmerksamkeit als Formen direkten Kontakts, stellt der Auge-in-Auge-Kontakt die stärkste und engste Verbindung zwischen Menschen dar und ist nur in der unmittelbaren Funktion möglich. Ein Blick zur Seite kann den Kontakt schon stören. Intimität, Sichverstehen und Sichzurückweisen beruhen – so Goffman – auf dem Auge-in-Auge-Kontakt. Die Augensprache dient als Vehikel, als Bitte für eine Begegnung. Die Vermeidung von Blickkontakten bewirkt Abstand zum anderen und Reserviertheit: Eine Begegnung soll nicht zustandekommen. Bewußte Vermeidung von Blickkontakten, z.B. der Lehrer übersieht absichtlich Schüler, die sich melden und etwas sagen wollen, wird von den Betroffenen zumeist als Aggression und Überheblichkeit definiert. Bei Blickkontakten in der Gruppe (z.B. Schulklasse) läßt sich eine bestimmte Struktur feststellen: Die Beteiligten (Schüler) wenden in der Regel ihre Augen dem Sprecher zu (Sprecher ist der Brennpunkt der Aufmerksamkeit). Interessant wäre in diesem Zusammenhang festzustellen, ob es einen ritualen Rahmen wechselseitiger Aktivitäten (Blickkontakte) in der Klasse gibt. Als Beispiel: Der Lehrer eröffnet die Begegnung mit den Schülern durch Blickkontakte und fordert eine Erwiderung der Schüler als Zeichen der Starterlaubnis. Es läßt sich nun ermitteln, inwieweit die Schüler diese Blickkontakte zurückweisen, oder umgekehrt, inwieweit der Lehrer die Teilnahme an Blickkontakten von Schülern zurückweist, die z.B. voll Vertrauen auf Kontakt gehofft haben, etc. Es gibt Situationen im Unterricht, in denen Schüler untereinander vorsichtig mit Blickkontakten sind und dies im Extremfall als Ausdruck *„offenen Schneidens“* definieren, oder die Situation, in der Schüler den Blickkontakt mit dem Lehrer meiden (man schaut auf die Bank, den Fußboden oder zum Fenster hinaus), weil sie Angst haben, daß der Lehrer mit ihnen in Kontakt tritt, z.B. sie bittet oder auffordert, etwas zu äußern, sie abfragt etc. „Offenes Schneiden“ ist der direkte Ausdruck offener Zurückweisung, der für den Betroffenen absolut kränkend wirkt. Deshalb bedient man sich meist verschiedener Taktiken und Strategien, um diese Regel zu umgehen: unbeabsichtigtes Nichtsehen, Beziehungsvermeidung etc.

6.6 Zur symptomatischen Bedeutung situationeller Inadäquanzen

Wenn sich ein Schüler in einer Situation unangemessen verhält (er verhält sich z.B. extrem illoyal, wenn er von einem Klassenkameraden in eine Interaktion verwickelt wird und diesen für sich und die übrigen Schüler zum Amüsement macht, während der Betreffende nichts davon merkt), welche Informationen sind daraus über seinen gegenwärtigen Zustand zu entnehmen?

Es stellt sich in diesem Zusammenhang die Frage, ob der betreffende Schüler fähig ist, die Bedeutung seiner Regelverletzung einzuschätzen. Und wenn: Schätzt er die Bedeutung tatsächlich ein? Steht die Handlung unter der körperlichen Kontrolle des Schülers, und wenn, würde er sein Verhalten ändern, wenn er über dessen Bedeutung in Kenntnis gesetzt würde und Gelegenheit bekäme, eine Änderung vorzunehmen? Dies sind Fragen, die sich der Lehrer stellen muß, wenn er beabsichtigt, bestimmte inter- bzw. intrapersonale Taktiken von Schülern, die er während des Unterrichts beobachtet und als Regelverletzung (Störung) definiert hat, zum Gegenstand eines Unterrichtsgesprächs zu machen. Unsere Erfahrungen (im Rahmen von Unterrichtsbeobachtungen und Diskussionen mit Schülern über ihre inter- bzw. intrapersonalen Taktiken) veranlassen uns zu der Feststellung, daß Schüler häufig situationelle Unempfindlichkeit bekunden, ohne sich dessen bewußt zu sein.

Vom Lehrer z.B. auf eine Regelverletzung angesprochen (der Lehrer wies darauf hin, daß er sich durch das Verhalten Ralfs in seinem Unterricht gestört fühle und die übrigen Schüler jetzt für längere Zeit abgelenkt seien), reagierte der Schüler Ralf (8. Hauptschulklasse): „So habe ich das gar nicht gemeint." Ralf hatte während des Unterrichts seinen Nebenmann vom Stuhl gestoßen und dadurch großes Gelächter in der Klasse hervorgerufen. Bewußte *„situationelle Unbotmäßigkeiten"*, wie Kränkung durch Sprache und Engagementstruktur, aus Desinteresse, durch einen Tick oder durch Deplacierung, stellen Kommunikationsformen dar, die eine Unzufriedenheit des einzelnen über die jeweilige Situation ausdrücken.

Häufig nehmen gerade diejenigen, die solche Regelverletzungen vornehmen, Situationen bewußter wahr als diejenigen, die die Regeln durchgängig einhalten, ohne sich der situationellen

Verpflichtung, die ihr Verhalten stützt, bewußt zu sein. Zuweilen sind Verstöße Mittel, um die Grenze zu testen, um zu bestimmen, wie weit man bei der Kontrollperson (Lehrer) gehen kann. Manchmal bedienen sich Schüler solcher Taktiken (der Regelverletzung), um zu sehen, ob der Aufpasser (Lehrer) ihnen geneigt ist, ganz gleich, was sie tun.

Situationelles Mißverhalten, um die Beziehung zu einem Offiziellen (Lehrer) in der Situation zu fördern, zeigt, daß solches Verhalten (Verstöße) als Art Reflexion auf die eigene Beziehung zu den anderen zu betrachten ist. Wir haben Situationen erlebt, in denen Lehrer das Verhalten von Schülern als unangemessen bezeichnet haben, weil sie mit der Engagementstruktur dieser Schüler nicht vertraut waren. Für sie waren bestimmte Handlungen von Schülern symptomatisch für deren negative Einstellungen zum Unterricht. Im Gespräch mit diesen Schülern stellten wir fest, daß diese Handlungen aus der Sicht der Schüler einen Sinn bekamen: Sie wurden definiert als Reaktion auf inadäquate Taktiken der Lehrer (mangelnder Bezug von Unterichtsthemen zur Lebenswelt der Schüler, langweilige, einseitige Darstellung etc.).

Im folgenden möchten wir Ihnen – zur Illustration der in diesem Kapitel angesprochenen Probleme – Auszüge aus einem Diskussionsprotokoll mit Schülern vorstellen, in dem einige von uns im Schulunterricht beobachtete Schüler eine Selbsteinschätzung ihrer eigenen Unterrichtstaktiken vornehmen.

6.7 Schüler deuten Taktiken, die sie im Unterricht verwenden

Diskussion mit einer Schülergruppe nach den beiden Unterrichtsstunden (1. und 2. Stunde) von Lehrer H. am 22. 6. 73. An der Diskussion nahmen Jürgen, Stefan, Harald, Michael, Doris und Cornelia teil. Sie fielen mir (Th. H.) durch besondere inter- bzw. intrapersonale Taktiken auf.

Michael (saß neben mir) spielte gegen Ende der 1. Stunde ca. 5 Minuten lang mit einem Draht und einem kleinen Lämpchen auf seinem Tisch (Taktik: Selbstengagement). Auf meine Frage, warum er dies tue, antwortete Michael, daß ihn der Unterricht langweile (man diskutierte in der Klasse gerade über die Darstellung des Simulationsspiels „Sozialisation durch Fernsehen"). Nach dieser Spielphase nahm Michael wieder regen Anteil am Unterrichtsgeschehen (häufiges Melden, häufige Beiträge).

Stefan, Jürgen und Harald saßen in der hinteren Reihe am Fenster an einem Tisch und tauschten, ohne daß der Lehrer bzw. ihre Mitschüler dies merkten, unter dem Tisch Fotos aus (Taktik: abgeschirmtes Engagement).

Diese Tätigkeit erstreckte sich auf die gesamte 1. Unterrichtsstunde. Während der Pause teilte ich dieser Gruppe meine Beobachtungen mit. Stefan, Jürgen und Harald erklärten einstimmig, sie hätten trotz dieser Tätigkeiten dem Unterricht folgen können. Bis gegen Mitte der 2. Stunde beteiligte sich diese Gruppe nicht am Unterrichtsgeschehen; sie bediente sich allerdings auch keiner besonderen Taktiken, um beispielsweise Desinteresse oder „abgeschirmtes Engagement“ zu demonstrieren. Als über die Szene „Fußballspiel in der Turnhalle“ des Simulationsspiels diskutiert wurde, beteiligte sich Jürgen sehr stark an der Diskussion.

Cornelia gehörte zu einer sechsköpfigen Mädchengruppe, die während des Unterrichts auf drei Tischen in der hinteren Reihe saß und kein Wort sprach. Die Mädchen pendelten mit den Beinen hin und her und folgten ohne besondere Taktiken der Zuwendung oder des Desinteresses dem Unterrichtsgeschehen.

Doris saß regungslos neben dem Lehrer und sagte während der beiden Unterrichtsstunden kein Wort.

Ich teilte der Gruppe meine Beobachtungen mit und fragte nach den Ursachen der verschiedenen Taktiken.

Jürgen: „Manchmal hört man da zu, manchmal nicht. Wenn es interessant wird, hört man da zu, wenn es allzu langweilig ist, macht man was anderes. Manchmal hat uns Lehrer H. schon erwischt, wenn wir Mist gemacht hatten und gar nicht zugehört hatten und hat uns eine Frage gestellt.“

H: „Wann hat er euch erwischt?“

Jürgen: „Als wir gerade was anderes gemacht haben und gar nicht aufgepaßt haben.“

H: „Was habt ihr da zum Beispiel gemacht?“

Jürgen: „Oh, vielleicht so was anderes geschrieben, ein Briefchen geschrieben oder so was ...“

Lehrer H. habe, so sagt *Jürgen,* dann eine Frage gestellt, und die konnten sie dann nicht beantworten „weil wir nicht zugehört hatten, wir hatten meistens überhaupt nicht mitgekriegt, was er überhaupt gefragt hat“.

H: „Wie war's heute, habt ihr heute zugehört?“

Antwort der Gruppe: Ja, teils, teils.

Stefan: „Manchmal, da spielen wir und hören auch gleichzeitig zu, da kriegen wir die Frage auch mit, da können wir die Frage auch gleichzeitig beantworten, aber manchmal sind wir auch ganz abwesend.“

Michael: „Ja ich glaube, daß wir meist zuhören, aber manchmal, wenn es zu langweilig wird, wie beispielsweise in der Physikstunde, wenn da die Frau V. etwas spricht, daß es dann zu langweilig ist, daß wir dann uns mit Karten oder mit irgend etwas anderem beschäftigen und dann wissen wir nicht mehr, was sie gesagt hat, aber hier in dieser Stunde, ich glaub', da hat jeder zugehört und trotzdem hat jeder was anderes gemacht.“

H: „Gibt es Lehrer, die erlauben, daß ihr zum Beispiel auf dem Tisch spielt, die dann nicht sagen, setz' dich ordentlich hin und hör' auf zu spielen?“

Harald: „Das ist unterschiedlich bei den verschiedenen Lehrern, unsere Physiklehrerin, also die läßt sehr viel durchgehen, der Herr H. ist da schon schärfer.“

Jürgen: „Was heißt durchgehen, die kann gegen uns nichts machen, weil uns der Stoff, den sie durchnimmt, nicht interessiert, da machen wir was anderes. Da kann sie gar nichts machen.“

Doris: „Also manchmal, es kommt ganz darauf an, was man da halt macht, wenn's langweilig ist, dann schaltet man praktisch ab."

Harald: „Da schaut man zum Fenster raus ... oder irgend etwas ... Und wenn da irgend etwas ist, wo man dabei gefragt wird, dann hört man so mit halbem Ohr zu."

Jürgen: „Das kann man dann auch anders machen. Ich hab' da eine ganz bestimmte Technik. Wenn wir z.B. Englisch haben, dann nehm' ich das Englischbuch und tu dann einen Roman darin lesen. Dann mach ich so, als tu ich alles lesen, dabei lese ich den Roman."

Stefan: „Also, ich kann gar nicht so abschalten, weil Herr H., der hat mich so im Blickfeld (Gelächter in der Gruppe) ... Bei anderen Lehrern, da schalt' ich auch ab."

H: „Wie machst du das dann?"

Stefan: „Ich schwätz' mit dem Bernhard oder spiel' Karten!"

H: „Willst du vermeiden, daß du dabei erwischt wirst?"

Cornelia: „Wenn ich nicht aufpasse, dann fragt Herr H. mich meistens ab und dann weiß ich auch nichts. Ich prügle mich auch mit dem Bernd (Gelächter in der Gruppe). Das sieht er meistens nicht."

Michael: „Genauso ist es auch bei mir. Ich sitze hinter einem großen Mädchen und da kann mich der Herr H. meist nicht sehen, und wenn die sich so setzt, dann setze ich mich auch so und mache Hausaufgaben. Das kann ich alles machen hinter dem Rücken. Ich kann mich unterhalten mit dem Berthold, ich kann Hausaufgaben machen oder ich kann essen."

Michael antwortet auf meine Frage, ob das bei Herrn H. erlaubt sei, mit nein, aber der sehe das ja nicht.

Ich frage, ob einzelne Lehrer bestimmte Verhaltensweisen von Schülern bestrafen.

Stefan: „Ja, also der Herr H., wenn man also richtig ‚Scheiße' macht, dann trägt der einen ins Klassenbuch ein. Dann ist der Wurm drin. Dann ist man trotzig und macht alles mögliche dann weiter und hört auch nicht mehr auf. Dann versucht man den Lehrer dadurch zu ärgern."

Doris: „Ja früher, wie wir noch in der 1. bis 4. Klasse waren, da gab's immer Strafarbeiten, aber jetzt wird man ins Klassenbuch eingetragen."

Michael: „Ich glaub' auch, wenn man jetzt etwas macht, bei der Frau V. etwa, wenn man da richtig abschaltet und man spricht laut oder läuft rum in der Klasse, was ja sehr oft vorkommt bei ihr, dann sagt sie, ihr kommt nach der Stunde her oder macht das und das, ihr müßt abschreiben, und dann in der nächsten Stunde sagt sie, na wo haste denn das und wir sagen, wir haben's vergessen, da sagt sie, ist gut, ihr braucht's nicht nachzumachen und so, und bei Herrn H. dürfen wir auch Kaugummi kauen, nur wenn wir reden, müssen wir den Kaugummi aus dem Mund haben."

H: „Darf ich mal zusammenfassen. Man kann nicht sagen, wenn ihr mit einem Gegenstand spielt, den Nebenmann pufft, mit den Beinen pendelt etc., daß ihr dann ganz abwesend seid, sondern teilweise seid ihr durchaus mit einem Ohr dabei und hört zu, um euch nicht erwischen zu lassen. Denn wenn der Lehrer etwas fragt, dann wollt ihr etwas dazu sagen können."

Harald: „Also ich glaub', man kann gar nicht ganz abwesend sein in der Schule. Also, nämlich, man ist im Unterbewußtsein immer dabei, man weiß ja, es geht um Deutsch und da weiß man einiges drüber, und wenn man drankommt, da sagt man einfach das."

Jürgen: „Ich finde, das kommt auch auf den Lehrer an. Wenn wir z.B. einen strengen Lehrer haben, dann tun wir das erst gar nicht (abwesend zu sein). Wenn wir nicht so einen strengen Lehrer haben, dann können wir uns das alles erlauben."

Cornelia: „Wenn ich was sagen will, ich weiß manchmal, was ich sagen könnte, aber da hab' ich immer Angst, daß es falsch ist und so."

H: „Hast du schon schlechte Erfahrungen gemacht? Daß z.B. ein Lehrer bösartig reagiert hat, wenn du was Falsches gesagt hast?"

Cornelia antwortet nicht darauf.

Jürgen: „Was die Cornelia gesagt hat, finde ich völlig unberechtigt, Herr H. hat ja gesagt, sie (die Schüler) brauchten keine Angst zu haben. Wenn mal was falsch ist, ist auch nicht schlimm. Aber Harald hat gesagt, bei ihm ist es auch schon passiert, daß er angemeckert wurde. Das ist nur dann passiert, wenn was völlig falsch war."

H: „Was wird dann gesagt, wenn man angemeckert wird?"

Jürgen: „Daß er nicht aufgepaßt hat und daß er geschlafen hat und manchmal, bei Herrn M. in Mathematik, ist das so, daß er sich so ganz ungewöhnlich benimmt, dann greift er sich an den Kopf, als könnte er das gar nicht fassen und so."

Stefan: „Also wir hatten früher eine Mathematiklehrerin, die hat dann immer Idiot und so gesagt nach der Arbeit ..."

(Auszug aus: Roswitha Heinze-Prause, Thomas Heinze: Soziale Interaktion in der Schulklasse. In: Norbert Kluge (Hg.): Das Lehrer-Schüler-Verhältnis. Darmstadt 1978, S. 387–391.)

Übungsaufgabe

Nennen Sie Beispiele (aus dem Schülerprotokoll, eigene Schulerfahrungen, Beobachtungen aus dem Unterrichtsalltag) für *Abgeschirmtes Engagement, Selbst-Engagement, Geistige Absenz, Okkultes Engagement, Augensprache.*

6.8 Elemente der Unterrichtsordnung und Schülertaktiken

Wir müssen uns, bevor wir auf den Zusammenhang von Unterrichtsordnung und Schülertaktiken eingehen, vergegenwärtigen, daß es Erwartungen gibt, die mit den Erfordernissen des Schullebens und mit den Vorstellungen über ideales Zusammenleben großer Gruppen von Menschen verbunden sind. Wir meinen

Schulordnungen und *Hausordnungen,* die das Verhalten in der Schule außerhalb der Unterrichtszeit regulieren. Das Verhalten in den Pausen, auf den Gängen, in der Klasse, auf dem Schulhof. Das Verhalten zu Beginn und Ende des Unterrichts ist in den meisten Fällen ganz besonders ausgearbeiteten Ritualisierungen unterworfen.

Sie kennen vermutlich die folgenden Rituale aus Ihrer Schulzeit: Anstellen im Hof, Schweigen, ruhig in geschlossenen Reihen ins Klassenzimmer gehen, Auspacken der Schulsachen, kurze Gelegenheit zur Unterhaltung, Klingelzeichen, gemeinsames Aufstehen und Grüßen, Beten, Beginn der Schulstunde. Schülern begegnet eine solche „Ordnung“ zumeist als Katalog von Anlässen, zu denen sie bestraft werden können:

„Wenn ihr die schulordnung der lehrer stört, werdet ihr bestraft.
Ihr könnt bestraft werden:
wenn ihr euch in der schule genauso prügelt wie vor der schule,
wenn ihr das kaputt macht, was die erwachsenen in die schule gebracht haben,
wenn ihr euch langweilt und euch die zeit interessanter zu machen versucht,
wenn ihr auf der falschen toilette seid,
wenn ihr beim reden mit dem lehrer die hände in den taschen laßt,
wenn die jungs die mütze im schulhaus aufbehalten,
wenn ihr wie die erwachsenen spielt – mit karten oder um geld,
wenn ihr euch in eurer lautstärke unterhaltet,
wenn ihr mit dem schwamm werft,
wenn ihr statt vor der schule in der schule raucht,
wenn ihr statt vor der schule in der schule schmust,
wenn ihr im religionsunterricht das kleine rote schülerbuch lest,
wenn ihr nicht vor der schule, sondern in der schule mit schneebällen werft,
wenn ihr in der stunde eßt,
wenn ihr euch während der pause irgendwo im gebäude versteckt,
wenn ihr aussprüche eurer lehrer an schulwände schreibt,
wenn ihr bei der schulweihnachtsfeier lacht,
wenn ihr keine hausarbeiten gemacht habt,
wenn ihr eine stinkbombe werft,
wenn ihr die hausarbeit gemacht aber vergessen habt,
wenn ihr bei klassenarbeiten kontrolliert, ob der nachbar es auch richtig hat,
wenn ihr euch weigert, eine strafarbeit zu machen,
wenn ihr auf den gängen lauft,
wenn euer lehrer seinen spitznamen hört,
wenn ihr einen deutschen liedertext verbessert,
wenn ihr an die sachen des lehrers geht wie er an eure,
wenn ihr merkt, daß der lehrer sich über euch ärgert,
wenn ihr in der schule onaniert,
wenn ihr ins falsche heft schreibt,
wenn ihr so spät kommt wie manchmal der lehrer,
wenn ihr krach macht, wenn der lehrer noch nicht da ist,

wenn ihr nicht sagt, wer das klassenbuch geklaut hat,
wenn ihr nicht genehmigte flugblätter verteilt,
wenn ihr abbildungen nackter menschen mitbringt,
wenn ihr kaugummi kaut,
wenn ihr spielzeug und comics mitbringt,
wenn ihr in den pausen statt für einen lehrer für euch etwas kauft,
wenn ihr die smv-sitzung im lehrerzimmer macht,
wenn ihr rasenflächen betretet,
wenn ihr einen lehrer nicht grüßt."

(Peter Jacobi/Lutz Maier: Das kleine rote Schülerbuch. Frankfurt 1969, S. 55f.)

Auf solche Probleme konzentriert sich Jürgen Zinnecker in seinem Beitrag „Die Schule als Hinterbühne oder Nachrichten aus dem Unterleben der Schüler" in dem von ihm mit G. B. Reinert herausgegebenen Band „Schüler im Schulbetrieb"[1]. Die hier zitierten Ausführungen von Zinnecker sollen Ihnen den Zusammenhang zwischen Elementen der *Unterrichtsordnung* und Reaktionen von Schülern *(Schülertaktiken)* auf diese Ordnungsformen verdeutlichen.

„In allen Schulen und Schulklassen verfügen die Schüler über ein wahres Waffenarsenal von regelverletzenden Unterrichtstaktiken. Die Schülertaktiken ergeben sich teilweise gleichsam zwangsläufig aus der Gestaltung der Unterrichtssituation und der vorfindlichen Klassenumwelt. Teilweise handelt es sich aber auch um ehrwürdige Traditionen, die eine Schülergeneration an die nächstfolgende weitervermittelt. Die Schülertaktiken im Unterricht bieten erfindungsreichen Schülern ein weites Betätigungsfeld für die Entfaltung technischer, künstlerischer und sozialpsychologischer Fähigkeiten und Spezialbegabungen. Welch ein Vergnügen muß es für manchen durch den Unterricht gelangweilten und unbefriedigten Schüler bedeuten, aus seiner schulischen Lethargie zu erwachen und an einer neuen Variante des Unterlebens im Unterricht zu experimentieren ...

Die Unterrichtsordnung besitzt viele einzelne Elemente – und deshalb ebenso viele Möglichkeiten, gegen einzelne solcher Elemente zu verstoßen. Wir können unterscheiden:

– *eine Ordnung der Schülerbewegungen.*

Es ist nicht gleichgültig, wie Schüler im Klassenzimmer gehen, stehen und sitzen und wo und wann sie dies tun. Es ist daher Teil des Schülerunterlebens, sich so heftig zu bewegen, daß es mit der Achtung vor dem Lerngegenstand und dem pädagogischen Wächter unvereinbar wird. Es gehört zum festen Repertoire, die Bewegungskommandos und -hinweise der Lehrer nicht zu

[1] Jürgen Zinnecker: Die Schule als Hinterbühne oder Nachrichten aus dem Unterleben der Schüler. In: Gerd Bodo Reinert/Jürgen Zinnecker: Schüler im Schulbetrieb. Berichte und Bilder vom Lernalltag, von Lernpausen und vom Lernen in den Pausen. Reinbek bei Hamburg 1978

beachten und sich z.B. zur Unzeit hinzustellen, wo man sitzen soll, oder sitzenzubleiben, wo die Schüler stehen oder gehen sollen.

– *eine Ordnung des Sprechverkehrs.*

Für Schüler gelten strenge Regeln, wann sie zu wem worüber sprechen dürfen; welcher sprachliche Stil bei diesen Äußerungen einzuhalten ist. Eine der vorrangigen Lehreraufgaben ist die Regelung der unterrichtlichen Sprech- und Sprachordnung.

Auch hieraus wird ein Thema des Schüler-Unterlebens. Schüler nehmen sich die Freiheit, ungefragt in die Klasse zu rufen; sich über Gegenstände auszulassen, die nicht Thema sind. Sie führen heimlich-tuschelnd, hinter vorgehaltener Hand Nebengespräche. Nicht weniger schwer ist die Regelverletzung, wenn Schüler *nicht* reden, sobald der Lehrer sie dazu aufgefordert hat.

– *eine Ordnung der sozialen Kontakte der Schüler untereinander.*

Dieses Ordnungselement regelt, welcher Art die Kontakte sind, die Schüler während des Unterrichts untereinander eingehen dürfen: Wann dürfen sie sich berühren? Unter welchen Bedingungen dürfen sie sich mit ihrem Nachbarn vertraulich beschäftigen? Welche Tätigkeiten sollen sie voreinander geheimhalten (z.B. bei Arbeiten)?

Während die Sozialordnung des Unterrichts die Schüler dazu verpflichten will, die Kontakte untereinander auf das reine Rollenverhalten als Lernende zu beschränken, legt es die Schülersubkultur darauf an, ein breites Spektrum menschlicher Umgangsweisen miteinander aufrechtzuerhalten; die mit der Schülerrolle bestenfalls nichts zu tun haben, schlechtestenfalls die Ausübung dieser Rolle verunmöglichen.

Ziel mancher subversiver Schülerkontakte im Unterricht ist es, den Mitschüler vom Lernen abzuhalten, ihn nicht als Lernenden anzuerkennen ... Die Angriffe auf die Mitschüler als Lernende befriedigen gleich mehrere Bedürfnisse: Sie bieten eine ideale Möglichkeit, heimlich und auf wenig riskante Art und Weise gegen die Ordnung der Situation zu opponieren, indem man es einem Mitschüler verleidet, sich nach der Unterrichtsordnung zu verhalten und zu lernen, und diesen als unfreiwilligen Agent provocateur wider die heilige Ordnung vorschickt. Die Störung des lernbereiten Mitschülers agiert das Muster der individuellen Konkurrenz, den der offizielle Unterrichtsbetrieb verfolgt, auf der Ebene des Unterlebens aus. Wenn man schon selbst nicht lernen will und mag, verlegt man seine Unterrichtsbeteiligung darauf, auch dem Mitschüler das konzentrierte Lernen zu verunmöglichen.

Ein anderes Motiv, die soziale Ordnung des Unterrichts zu unterlaufen, bilden die persönlichen Wünsche, mit Mitschülern Kontakte zu unterhalten. Die Unterrichtssituation ist ja insofern paradox, als sie die Schüler mit einer Fülle anregender und ernstzunehmender Kandidaten für Freundschafts- und kollegiale Beziehungen bekannt macht und Tag für Tag auf engstem Raum zusammenführt, es ihnen im Rahmen der Unterrichtsordnung jedoch verübelt, wenn sie auf diese soziale Stimulierung eingehen und die Mitschüler näher in Augenschein nehmen möchten. Die Schüler stellen deshalb nach Möglichkeit durch das Unterleben einen Ausgleich her, indem sie die verrücktesten Wege ersinnen, untereinander in Beziehung zu treten, und indem sie auf die ausgefallensten Ideen geraten, worüber man in Kontakt zueinander kommen kann.

– *eine Ordnung des Raumes und der Gegenstände.*

Ein weiteres geheiligtes Element der Unterrichtsordnung stellt die Regelung dar, an welcher Stelle des Klassenraumes die einzelnen Teilnehmer sich aufzuhalten haben. Dem Lehrer wie den Schülern werden charakteristische Plätze zugewiesen, die sie nur unter klar definierten Bedingungen verlassen dürfen. Wie die räumliche Verteilung, so sind auch die Umgangsformen mit den Einrichtungs- und Arbeitsgegenständen des Klassenzimmers in bestimmter Weise definiert. Es gehört zu den Anstandsregeln im Klassenzimmer, sich daran zu halten, daß bestimmte Gegenstände von bestimmten Personengruppen in einer bestimmten Art und Weise und nur zu bestimmten Zeiten verwendet werden dürfen.

Das Unterleben der Schüler, das sich auf dieses Ordnungselement bezieht, enthält dementsprechend eine Auswahl von Taktiken, dem vorgeschriebenen Platz im Klassenzimmer zu entkommen und während des Unterrichts verbotene Territorien anzusteuern. Vielfältig sind auch die regelverletzenden Umgangsformen mit den Gegenständen. Arbeitsmittel eignen sich dazu, lernfremden Zwecken zugeführt zu werden. Die Einrichtungsgegenstände gewährleisten z.B. ökologische Nischen im ansonsten offenen und allseits einsehbaren Klassenraum.

– *eine Ordnung der Zeitstruktur.*

Die Unterrichtsordnung enthält einen genauen Plan, welche Dinge zu welcher Zeit getan werden sollen. Die Grobstruktur des Zeitplanes wird durch den Stundenplan geregelt. Die Feinstruktur bleibt der Planung des Lehrers überlassen. „Schule ist ein Ort, wo Dinge oft stattfinden, weil die Zeit dafür da ist, und nicht, weils die Menschen danach verlangt", wie der Unterrichtsforscher Ph. Jackson (1975) dies ausdrückt.

Daraus entwickelt sich das Thema des Unterlebens für Schüler, wie man zur Unzeit Aktivitäten starten kann. Selbst ansonsten brave Lernhandlungen von Schülern wirken, wenn sie zur „falschen Zeit" eingebracht werden, subversiv auf den Unterrichtsablauf ein."

(Jürgen Zinnecker, a.a.O., S. 100–103.)

Teil 3

Schülertaktiken (Disziplin) als Gegenstand von Unterricht

7. Disziplin: Ein besonderes Problem des Schulalltags

In diesem Teil wollen wir uns mit dem Phänomen *Disziplin* im Schulalltag auseinandersetzen. Dabei sollen Sie Ansätze sowie Erfahrungsberichte kennenlernen, in denen unterschiedliche Wege zur Bewältigung von Disziplinproblemen beschritten werden.

Daran anschließend stellen wir Ihnen den Entwurf eines Unterrichtsmodells *Disziplin* sowie erste Erfahrungen mit der Umsetzung eines solchen Modells in konkretem Unterricht (Hauptschule) vor. Bei dem Entwurf dieses Unterrichtsmodells haben wir insbesondere an Adressaten gedacht, die sich in der ersten oder zweiten Phase der Lehrerausbildung befinden und mit der Situation *Unterrichtshospitation* bzw. *Schulpraktikum* konfrontiert werden. Aber auch für „gestandene" Berufspraktiker dürfte dieses Unterrichtsmodell von nicht geringer Bedeutung sein!

„Disziplinprobleme" in der Schulklasse gehören zum Berufsalltag des Lehrers. Jeder Lehrer, gleichgültig welches Fach oder in welcher Schulform (Grund-, Haupt-, Real-, Gesamtschule oder Gymnasium) er unterrichtet, weiß über „Störungsstrategien" von Schülern zu berichten.

Wie aber werden „disziplinäre Probleme" im Schulalltag wahrgenommen und gelöst?

Es gibt einfache, technische Lösungen für dieses Problem: Auseinandersetzen von „Störern", Nachsitzenlassen, Strafarbeiten, Benachrichtigung der Eltern etc. Solche Lösungen beruhen häufig auf einer *„Reaktionskette"* und haben nicht selten für Lehrer und Schüler einen unangenehmen „Nachgeschmack".

Die „Reaktionskette" kann so funktionieren: Die persönlichen und schulischen Dinge verleiten den Schüler zu „stören"; der Lehrer ermahnt, schimpft, straft; der Schüler ist wütend, fühlt sich ungerecht behandelt. Auswirkung: Der Unterricht wird durch die Ablenkung und die Wut des Lehrers noch schlechter, der betroffene Schüler lernt gar nichts mehr, weil er mit seiner Wut beschäftigt ist, und die anderen Schüler sind endgültig abgelenkt.

„Störaktionen" von Schülern werden häufig vom Lehrer unter moralischen Aspekten wahrgenommen und interpretiert: Als Verletzung, Nichtachtung oder Kränkung seiner Person. Hilft der moralische „Appell ans Gewissen" der Schüler nicht weiter, gibt es für den Lehrer noch die seit einigen Jahren in der pädagogisch-psychologischen Literatur beschworene Zauberformel des „operanten Konditionierens" (Skinner) aus dem „Programm der Verhaltensmodifikation"[1].

Im folgenden möchten wir Sie mit diesem Konzept ein wenig vertraut machen. Denn an diesem Beispiel kann erläutert werden, was wir nicht wollen und Ihnen deshalb auch nicht empfehlen können. Das Programm der Verhaltensmodifikation typifiziert Disziplinprobleme in der Schulklasse als „Verhaltensstörungen" von einzelnen Schülern. Diese sollen mit Hilfe eines systematischen Verhaltenstrainings, das der Lehrer an bestimmten Schülern vornimmt, „gelöscht" werden. Es gibt eine Anzahl psychologischer Versuchsreihen, die demonstrieren wollen, daß man aus „verhaltensgestörten" Kindern mit einigem Erfolg angepaßte und lernwillige Schüler machen kann.

Die bevorzugte Methode ist die des „operanten Konditionierens", bei der der Schüler immer dann belohnt wird, wenn er zufällig gewünschtes Verhalten zeigt. Je konsequenter der Lehrer die Schüler belohnt, desto schneller und besser wird das von ihm gewünschte Verhalten beim Schüler in Erscheinung treten. (Es sei angemerkt, daß diese Methode vorwiegend zur Behandlung psychotischer Patienten dient, die verbal nicht mehr erreichbar scheinen und deshalb Belohnungen in Form von Chips und Geld erhalten).

Ein solches Programm kann als Psychologe nur propagieren und als Lehrer nur übernehmen, wer unbefragt ein bestimmtes Bild von Schülern und Schule hat: Wer also die sozialen Äußerungen von Schülern in erwünschtes bzw. unerwünschtes Verhalten klassifiziert. Dabei gilt als erwünscht das Verhalten, das den ordnungsgemäßen und zielgerichteten Ablauf des Unterrichts nicht in Frage stellt. Erwünschtes Verhalten wird als psychisch normaler Zustand, unerwünschtes als psychisches Defizit gedeutet.

Aus dieser Gleichsetzung leitet das Programm der „Verhaltensmodifikation" das Recht ab, unerwünschtes Verhalten bei einzelnen Schülern mit Hilfe eines therapeutischen Schnellkurses zu beheben.

---

[1] Vgl. hierzu: betrifft: erziehung, 1/1974 und Psychologie heute, 12/1976

Wie dieses Programm im Schulunterricht verwirklicht wird, können Sie dem folgenden Bericht entnehmen.

Ein Rezept, das den „Klassenclown" überflüssig macht

Mit Hilfe der Verhaltenstheorie Maßnahmen gegen störendes Schülerverhalten vorgeschlagen

Duisburg. Einen anhaltenden Erfolg zeigten Versuche an einer Duisburger Hauptschule und einer Grundschule in Oberhausen, störendes Verhalten von Schülern während der Unterrichtsstunde abzubauen. Ausgelöst wurden diese Versuche des Psychologen Christian Nentwig von der Gesamthochschule Duisburg durch die in den letzten Jahren immer häufiger gewordenen Klagen vor allem jüngerer Lehrer, daß störende Verhaltensweisen im Unterricht zugenommen hätten.

Nentwig ging dieses Problem mit Hilfe der Verhaltenstheorie an und läßt sich von dem Grundsatz leiten, daß die Folgen eines Verhaltens wesentlich darüber entscheiden, wie häufig es auftritt. Wenn die Verhaltensfolge angenehm ist, tritt entsprechendes Verhalten häufiger auf, während unangenehme Verhaltensfolgen dazu führen, daß ein bestimmtes Verhalten seltener gezeigt wird.

So ist für Schüler die Beachtung durch den Lehrer eine positive Verhaltensfolge: Häufig gilt dies auch dann wenn es sich um eine Ermahnung des Lehrers handelt. Es ist nachgewiesen worden, daß sich Schüler teilweise weniger störend verhalten, wenn der Lehrer die Störung ignorierte und damit die angenehme „Belohnung" durch Zuwendung entfiel. Doch nicht nur die Beachtung durch den Lehrer verstärkt störendes Verhalten eines Schülers. Als angenehm wird auch die Aufmerksamkeit der Mitschüler empfunden, wenn sie einen der ihren als „Classenclown" bewundern; damit verstärkt die Aufmerksamkeit der Gruppe das störende Verhalten des einzelnen.

Nentwig zog daher das Verhalten der Mitschüler in sein Programm zur Verhaltensänderung mit ein: der Klasse wurde eine Belohnung versprochen, falls der Unterricht nicht gestört werde. Die Belohnung bestand darin, daß Schüler für die Zeiten, in denen sie nicht stören, Punkte sammeln können. Diese Punkte wurden durch einen allen sichtbaren Digitalzeiger auf dem Pult gezählt. Bei störendem Verhalten unterbrach der Lehrer den Zähler.

Wenn die Schüler eine bestimmte Anzahl von Punkten erreicht hatten, durften sie die letzten zehn Minuten im Klassenraum tun, wozu sie Lust hatten. Mit diesem Verfahren konnte in drei bis vier Wochen das störende Schülerverhalten um fünfzig bis sechzig Prozent vermindert werden. Danach war eine Situation in den Klassenräumen erreicht, die von den beteiligten Lehrern als angenehme Voraussetzung für einen gezielten Unterricht gewertet wurde.

Deutliche Verhaltensänderungen konnten sowohl auf seiten der Lehrer als auch auf seiten der Schüler beobachtet werden: die Schüler stellten nach langer Zeit zum ersten Mal fest, daß eine Englisch-Stunde auch interessant sein kann; die Lehrer verloren ihre Angst vor der zuvor sehr unruhigen Klasse und entwickelten Freude am Unterricht. Nachuntersuchungen in Abständen von meist mehr als sechs Monaten zeigten einen langfristigen Erfolg.

Hartwig Suhrbier

aus: Frankfurter Rundschau, 14. 9. 1978, S. 13

Die Ansichten über diese Strategie des „Abbaus störenden" Verhaltens von Schülern werden vermutlich sehr verschieden sein.

Unsere Meinung dazu ist, daß mit einem solchen Ansatz – wie so häufig – nicht die Schule den Bedürfnissen der Kinder, sondern die Kinder den Anforderungen der Schule einseitig angepaßt werden. Seine Legitimation behauptet das Programm der „Verhaltensmodifikation" dadurch, daß es den sozialen Kontext und den biographischen Sinn von Schülerhandlungen aus der Analyse ausblendet.

Zwei Beispiele aus dem Schulalltag

Im folgenden wollen wir Ihnen zwei Beispiele aus dem Schulalltag zum Thema „Disziplin“ vorstellen. Das erste handelt von einer Volksschulklasse in Berlin (Ende der sechziger Jahre). Das zweite ist ein Erfahrungsbericht einer Lehrerin aus Österreich. Dieser Bericht wurde als Stellungnahme zu einem wissenschaftlichen Beitrag[1] konzipiert (Anfang 1976). Wie werden die beiden Lehrpersonen mit den Taktiken der Schüler fertig? Wie bewältigen sie die „Störungsstragien“ der Schüler im konkreten Unterricht? Kurz: Wie lösen sie die „disziplinären“ Probleme ihres Schulalltags?

Beispiel 1

„Einer neuen Klasse stellt Lampe sich gern so vor: ‚Ich wünsche nicht, daß ihr aufsteht, wenn ich hereinkomme. Ist das klar?‘ Alle: ‚Klar, Herr Lampe.‘

Dann beginnt die Einübung der Disziplin. Die Motorik der Kinder ist so stark, daß sie sich immer wieder gegen den Unterricht durchsetzt, und zwar unabhängig davon, ob der Unterricht spannend ist oder nicht. Besonders bei den Kindern, die zuhause regelmäßig geschlagen werden, hängt die Konzentrationsfähigkeit davon ab, daß sie sich von dem Stau in ihrem Körper und Kopf immer wieder befreien. Jeder Lernschritt, den sie machen, bringt ihren Körper in Aufruhr. Die Kinder haben alle möglichen Ausdrucksformen erfunden, um diese motorischen Bedürfnisse auch während des Unterrichts zu befriedigen. Beim Melden springen sie von den Plätzen auf und werfen beide Arme rhythmisch nach oben, wobei der ganze Körper mitschwingt. Sobald der Lehrer ihnen den Rücken zukehrt, beginnt der Kampf der Arme und Beine gegen die Kopfarbeit: die Kinder steigen auf die Stühle, setzen sich auf die Tische, hauen sich unter der Bank ans Schienbein, schlagen sich mit dem Lineal auf die Backen. Die Schultische sind ihre Wandzeitungen, auf denen sie mitteilen, wovon sie durch den Unter-

[1] Roswitha Heinze-Prause/Thomas Heinze: Strategien und Taktiken von Schülern. In: Schulheft, Nr. 2/1976. Wien/München 1976

richt abgelenkt werden: Fußballergebnisse, Liebesgeschichten, alle möglichen Zauberformeln gegen Lehrer und Eltern. Der Lehrer Lampe verfährt nach dem Prinzip: Absolute Ruhe während des Unterrichts, Toben in der Pause. Wenn geschwätzt wird, spricht der Lehrer Lampe leiser und leiser, um schließlich ganz zu verstummen. Wenn nur noch das Atmen der Kinder zu hören ist, brüllt Lampe in die Stille: ‚Das ist ungefähr das, was ich mir unter Ruhe vorstelle.' Danach wird der sogenannte Eckanschluß der Tische geprobt; jeder Tisch muß genau im rechten Winkel und Ecke an Ecke zum anderen stehen. Die Bücher müssen, wenn Lampe es nicht ausdrücklich gestattet, vom Tisch verschwinden. Ebenso die Ellbogen. Wer die Hände in die Taschen steckt, wird gefragt, ob er Handschuhe braucht. Die Disziplinverstöße werden im sogenannten „Schülerbogen" – einer Personalakte, die über jeden Schüler angefertigt wird – festgehalten. Über den Schüler Pankert finden sich dort folgende Beschwerdebriefe der Lehrer an die Eltern: ‚Sein ganzes Betragen drückt Disziplinlosigkeit und Auflehnung aus ... Außerdem war Pankert mehrfach schuldhaft in Schlägereien verwickelt. Wenn die Schlägereien nicht aufhören, werde ich seine Versetzung in eine andere Klasse beantragen.' Im Zeugnis, das den Schüler Pankert nur vorbehaltsweise versetzt, steht: „Disziplinlosigkeit und Faulheit, das sind die hervorstechendsten Eigenschaften des Schülers Pankert.'

In Gesprächen beklagte sich Lampe über die rohen Erziehungsmethoden von Pankerts Eltern. Aber am Ende weiß er sich auch nicht anders zu helfen, als an die Erziehungsautorität dieser Eltern zu appellieren. Besser solche Eltern, als keine. Daß Kinder froh sein müssen, wenn sie überhaupt Eltern haben, daß alles übrige dann vom guten Willen der Kinder abhängt, lernen sie auch aus dem Sozialkundebuch:

‚Kinder vergessen manchmal, was ihre Eltern für sie tun. Man sieht es häufig schon auf der Straße, ob eine Mutter an ihrem Kind eine Hilfe hat oder nicht. Wie denkst du darüber, wenn Kinder geringschätzig von ihren Eltern reden? Waisenkinder würden gern einmal dem Vater die Schuhe put-

zen oder der Mutter einholen. Überlege, wie das Leben ohne Vater und Mutter verlaufen würde.' (Aus: Sehen, Beurteilen, Handeln, Band I).“

(Peter Schneider: Bericht über eine Berliner Volksschule. In Kursbuch 24, Berlin 1971, S. 75–77.)

Beispiel 2

„Auch mein Unterricht wird ‚gestört', durch Schwätzen, durch geistige Abwesenheit, durch intensive Beschäftigung mit anderen Dingen. Was tun, wenn man von der Wichtigkeit dessen, was man vermitteln will, überzeugt ist und aufgrund der Störaktionen nicht alle Schüler erreichen kann? Anfangs versuchte ich, die Schüler zu ermahnen, zuerst ruhig, dann etwas heftiger, und oft war ich schließlich über diese Nichtbeachtung meiner Person (denn so persönlich interpretiere ich die Störaktionen) beleidigt. Ich fing zu überlegen an: Bin ich so langweilig oder sind es die Lehrinhalte? Ich tauschte sie gegen Inhalte aus, die meiner Meinung nach die Schüler mehr interessieren hätten müssen. Der Erfolg war nicht sehr groß, bis ich mich dazu durchrang – heute ist das für mich das einzig Mögliche – die Schüler selbst zu befragen. Gemeinsam versuchten wir die Bücher zu bestimmen, die wir lesen wollten. Und es geschah öfter, daß mein Vorschlag durchfiel.

Anders verhält es sich mit den eher sozialen Störaktionen, die aus Konflikten innerhalb der Klasse (z. B. Rivalitätsstreitigkeiten) entspringen. Es gab Tage, an denen eine so aggressive Stimmung in der Klasse herrschte, daß ich Mühe hatte, mich nicht gleich anstecken zu lassen. Wenn man nicht nach den Gründen einer solchen Stimmung fragt, kann man die Schüler nur mehr mit Gewalt dazu bringen aufzupassen. Man könnte sagen, das Besprechen solcher Probleme ist ein Zeitverlust, man kommt nicht mit dem Stoff durch. Aber wenn es gelingt, solch ein Problem mit den Schülern gemeinsam zu klären, ist nach meiner Erfahrung auch das Lernen des Unterrichtsstoffes viel erfolgreicher.

Das heißt, wir als Lehrer müssen lernen, in den sogenannten Störaktionen der Schüler nicht immer persönliche Angriffe zu sehen, sondern sie vielmehr als Symptome von Ursachen zu betrachten, die wir mit den Kindern gemeinsam aufdecken müssen."

(Auszug aus: Schulheft, Nr. 2, 1976, S. 52/53.)

Übungsaufgabe

- Wie würden Sie – als Lehrperson – „disziplinäre" Probleme lösen? Begründen Sie bitte Ihre Stellungnahme.
- Wie wurden während Ihrer Schulzeit Disziplinprobleme bewältigt?

8. Unterrichtsmodell: Disziplin

Vorbemerkung

Der Erfahrungsbericht der Lehrerin skizziert in groben Zügen, wie wir das Problem „Disziplin“ im Schulalltag sehen. Dieses Selbstverständnis haben wir – auf theoretischer Ebene – weiter oben (s. S. 102–103) näher erläutert.

Wir hoffen, daß Sie sich mit unserer Sichtweise dieses Problems anfreunden können.

Im Gegensatz zu den Verfechtern des Programms der „Verhaltensmodifikation“ fragen wir:

Was bedeutet das „Stören“ im Unterricht für die *Schüler* als Ausdruck und Möglichkeit der Bewältigung *ihrer* Probleme?

Ziel eines Unterrichtsprojektes sollte es sein, Lehrer und Schüler für die verschiedenen Bedeutungen, die „Störungen“ im Unterricht haben können, zu sensibilisieren. Dabei geht es vor allem um folgende Fragen:

- Welcher spezifischen Unterrichtstaktiken bedienen sich Schüler und aus welchen Gründen?
- Welche Auswirkungen haben diese Taktiken aufs Unterrichtsgeschehen und die Schüler selbst?
- Wie können diese Taktiken bewußt als strategisches Mittel eingesetzt werden?

8.1 Die einzelnen Phasen des Unterrichtsmodells

8.1.1 Beschaffung von Informationen zur sozialen Situation der Klasse

Um einen ersten Überblick über die Situation in der Klasse, in der Sie später unterrichten werden, zu gewinnen, sollten Sie sich bereits während der Hospitation – mehr auf informeller Ebene – möglichst viele Informationen über ihre Klasse beschaffen. Fragen Sie Ihren Mentor und – sofern möglich – weitere Kollegen, die in der Klasse unterrichten, wie sie die Klasse in ihrem Lernverhalten beurteilen, welches ihrer Ansicht nach die Problemkinder („Störenfriede“) sind etc.

Überprüfen Sie diese Äußerungen durch ihre eigenen Beobachtungen in der Klasse. Machen Sie sich während der Hospitation Notizen.[1] Achten Sie z. B. auf die Sitzordnung (sitzen Jungen und Mädchen zusammen oder getrennt?). Wie ist die Beteiligung (Zuwendung/Ablenkung) der Schüler in der Klasse? Welche Schüler beteiligen sich am Unterrichtsgeschehen besonders? Gibt es „ewige Schweiger"? Welche „Nebenengagements" können Sie bei welchen Schülern beobachten? Wie, wann und durch wen werden „Störungen" inszeniert? Beobachten Sie die Schüler auch außerhalb des Klassenzimmers, z. B. auf dem Schulhof. Gibt es dort Cliquen?

Falls möglich, unterhalten Sie sich mit Schülern, die Ihnen im Unterricht besonders aufgefallen sind (durch besonderes Engagement oder Desinteresse). Teilen Sie diesen Schülern Ihre Beobachtungen mit.

Wie deuten die Schüler ihre Verhaltensweisen?

Schauen Sie sich die Schülerstatistiken in dem Klassenbuch an. In der Regel erfahren Sie dort etwas über Ausbildung und Beruf der Eltern, Anzahl und Ausbildung der Geschwister der Schüler. Versuchen Sie in Gesprächen mit Kollegen weitere Informationen über die familiären Verhältnisse der Schüler zu gewinnen (z. B. aus Erfahrungsberichten von Lehrern über Elternversammlungen).

Ob Sie dies alles ausführen können, können wir aus „der Ferne" nicht beurteilen. Das hängt u. a. von der Situation, die Sie in der jeweiligen Schule vorfinden, z. B. von der Bereitschaft und dem „guten Willen" Ihres Mentors und Ihrer Lehrerkollegen ab.

Vielleicht treffen Sie auf eine Schule, in der Sie „optimal" von allen Seiten unterstützt werden. Dann werden Sie vermutlich sehr viel über die Klasse, die Sie unterrichten sollen, erfahren. Für den „gestandenen" Berufspraktiker dürften diese Aktivitäten ohne große Schwierigkeiten zu verwirklichen sein. In der Regel verfügt er bereits über dieses „Alltagswissen". Dennoch sollte er sich der Mühe unterziehen, vielleicht an einem Schulvormittag bewußt das Geschehen in seiner Klasse zu beobachten, sich noch einmal der Statistik seiner Schüler zu vergewissern, mit Kollegen über „Problemkinder" zu sprechen u. a.

---

[1] Versuchen Sie mit den in Abschnitt 2.5 abgedruckten Beobachtungsfragen Ihre Beobachtungen zu strukturieren.

Oberstes Leitprinzip sollte für Sie sein: *Behutsames* Recherchieren und Handeln in der Schule, um möglichst viele Informationen über Ihre Klasse zu gewinnen.

8.1.2 Überblick über die einzelnen Phasen des Unterrichtsmodells

Wir möchten Sie zunächst über die Lernsituationen und den Ablauf eines solchen Unterrichtsmodells informieren. Im Anschluß daran werden wir einen Orientierungsrahmen skizzieren, dem Sie entnehmen können, wie Sie die einzelnen Lernsituationen planen und im Unterricht verwirklichen können. Betrachten Sie unsere Überlegungen als *Vorschläge,* die Sie annehmen können.

Anschließend erfahren Sie, welchen Verlauf dieses Projekt in einer Hauptschulklasse genommen hat.

Phase 1:

Die Lerngruppe befragt sich zum Thema „Disziplinstörungen", nachdem im Verein mit dem Lehrer ein Fragebogen konstruiert wird und mögliche Antworten diskutiert worden sind.

1. Stunde:

Sie haben während der Hospitation möglicherweise einen aktuellen konkreten Einzelfall von „Disziplinschwierigkeiten" oder starker Teilnahmslosigkeit der Schüler erlebt und sich dazu Notizen gemacht. Tragen Sie diesen Fall den Schülern vor, und zwar aus der Perspektive Ihrer subjektiven Empfindungen: d.h. teilen Sie den Schülern mit, daß Sie sich als Lehrer in einer solchen Situation sehr unwohl fühlen würden. Schließlich wüßten Sie nicht, welches die Ursachen für die Unterrichtsstörung bzw. das Desinteresse seien. Machen Sie den Schülern den Vorschlag, über das Verhalten von Lehrern und Schülern in der Schule zu sprechen. Um dies tun zu können, sei es zunächst vonnöten, in Erfahrung zu bringen, wie die Schüler über Unterricht, ihre Mitschüler und die Lehrer denken.

Fragen Sie die Schüler, wie man dies „herausbekommen" kann. Voraussichtlich werden sich die Schüler von diesem Thema angesprochen fühlen und eigene Vorschläge entwickeln; z.B.: Interviews mit Schülern führen oder offen seine Meinung zu einer Frage äußern. Wägen Sie zusammen mit den Schülern Vor- bzw. Nachteile der einzelnen Verfahren (Techniken) ab.

Sinnvoll wäre es, wenn die Klasse Ihren Vorschlag akzeptieren würde, einen anonymen Fragebogen erstellen zu lassen, in den Themen- und Fragevorschläge der Schüler aufgenommen werden.

2. und 3. Stunde:

Sie haben den Fragebogen (Muster des Fragebogens auf S. 118ff.) inzwischen erstellt und vervielfältigt. Geben Sie jedem Schüler ein Exemplar und erklären Sie der Klasse, wie der Fragebogen auszufüllen sei.

„Bei geschlossenen Fragen, das sind Fragen, wo die Antworten schon vorgegeben sind, braucht Ihr nur Eure Antwort anzukreuzen. Bei offenen Fragen sollt Ihr Eure Antwort selbst finden und hinschreiben."

Lassen Sie die Schüler sich in Gruppen zusammensetzen. Gehen Sie von Gruppe zu Gruppe und fragen Sie, ob Sie behilflich sein können. Sammeln Sie die ausgefüllten Fragebögen ein und erklären Sie den Schülern das Verfahren der Auswertung.

Bei geschlossenen Fragen müssen die Schüler Strichlisten anfertigen, um die Häufigkeit der Antworten auszuzählen. Bei offenen Fragen sollten die Schüler alle Antworten aufschreiben und versuchen, daraus Gruppen zu bilden. Teilen Sie den einzelnen Schülergruppen mit, welche Fragen sie auswerten sollen. Der Übersicht halber ist es zweckmäßig, wenn die Ergebnisse der Auswertung an der Tafel festgehalten werden. Falls – aus zeitlichen Gründen – in dieser Doppelstunde nicht alle Ergebnisse ausgewertet werden können, sollten Sie die Auswertung zu Ende führen, die Ergebnisse auf Matrize schreiben und diese vervielfältigen.

Phase 2:

Differenzierung der Befragungsergebnisse in thematische Schwerpunkte, z.B.: Unterrichtsstörung – etwas in der Schule kaputt machen – die Lehrer – wenn Du Lehrer wärst.

Die Befragungsdaten werden zum Anlaß genommen, persönliche Erfahrungen mit Schule darzustellen.

4. und 5. Stunde:

Verteilen Sie die vervielfältigten Ergebnisse des Fragebogens in der Klasse. Bitten Sie die Schüler um Stellungnahme und Kommentar zu den Ergebnissen. Diese Aussprache sollte dokumentiert werden entweder dadurch, daß Sie einen oder mehrere Schüler auffordern, ein Protokoll zu schreiben oder aber einen Schüler bitten, die Äußerungen der Schüler an der Tafel festzuhalten. Danach sollten Sie gemeinsam mit den Schülern eine Systematisierung und Zuordnung der Schüleräußerungen zu den thematischen Schwerpunkten des Fragebogens (Mitschüler, Unterricht, Lehrer) vornehmen.

Phase 3:

Die Schulklasse versichert sich verschiedener Möglichkeiten, die Schüler haben, um im Unterricht zu „überleben" und sich den Schulvormittag vergnüglich zu machen. Die als „Taktiken" bezeichneten Möglichkeiten werden beschrieben und in drei Gruppen strukturiert:
- Taktiken, die sich direkt auf den Nachbarn beziehen
- Taktiken, die sich auf die Klassenöffentlichkeit beziehen
- Taktiken, die sich auf die eigene Person beziehen.

6. und 7. Stunde

Gegenstand dieser Doppelstunde sollte die Darstellung und die Begründung möglicher Schülerverhaltensweisen im Unterricht sein.

Sie können z.B. durch den Impuls „was macht Ihr, wenn Ihr im Unterricht nicht mehr ruhig sitzen könnt und die anderen auch Mist machen" die Schüler spontan zu Äußerungen über ihre Verhaltensweisen veranlassen. Sinnvoll und zugleich spaßig wäre es, wenn Sie jeden Schüler, der sich äußern will, bitten würden, an die Tafel zu gehen und seine Verhaltenstaktiken aufzuschreiben.

Anschließend sollten Sie mit den Schülern eine Klassifizierung der verschiedenen Schülerverhaltensweisen vornehmen, etwa nach dem Schema: Welche Schülertaktiken (Verhaltensweisen) beziehen sich direkt auf den Nachbarn?

Welche Schülertaktiken beziehen sich auf die Klassenöffentlichkeit?

Welche Schülertaktiken beziehen sich auf die eigene Person? (Vgl. Muster eines solchen Schemas S. 134/135).

Nach der Aufstellung und Klassifizierung der Schülertaktiken sollten Sie die Klasse auffordern, Gründe für die Verwendung einzelner Taktiken zu suchen. Lassen Sie diese Phase wieder entweder durch einen Protokollanten oder an der Tafel durch einen Schüler festhalten.

Phase 4:

Systematischer wird mit einem vorgegebenen Einschätzungsbogen Erkanntes zusammengefaßt. Schülertaktiken, z.B. den Nachbarn schlagen, werden in bezug auf ihre Adressaten, ihre Gründe und Folgen eingeschätzt.

8. Stunde

Zu Beginn dieser Stunde verteilen Sie in der Klasse die vervielfältigten Exemplare eines Beobachtungsbogens, den Sie (zu Hause) entwickelt haben (Das Muster eines Beobachtungsbogens befindet sich auf S. 121). Wir empfehlen Ihnen, diesen Beobachtungsbogen in 6 Spalten einzuteilen. Die Überschrift der 1. Spalte könnte lauten:

Was Du tust. In diese Spalte können Sie z.B. 8 der von den Schülern genannten Taktiken eintragen. Die zweite Spalte kann die Überschrift tragen: Warum Du es tust. In dieser Spalte können Sie den Taktiken in Spalte 1 die von den Schülern genannten Gründe ihres Verhaltens zuordnen. Die restlichen 4 Spalten des Beobachtungsbogens sollten noch keine Überschrift tragen und auch noch nicht ausgefüllt sein.

Bitten Sie die Schüler, weitere Fragen zur Analyse ihres Verhaltens zu erarbeiten und die restlichen Spalten des Beobachtungsbogens auszufüllen. Als weitere Fragen könnten z.B. in den Beobachtungsbogen eingetragen werden:

Spalte 3: Gegen wen/an wen gerichtet?
Spalte 4: Wie reagieren die Mitschüler darauf?
Was empfindet der Mitschüler?
Spalte 5: Wie reagiert der Lehrer darauf?
Was empfindet der Lehrer?
Spalte 6: Sonstige Auswirkungen.

Anschließend sollten die Schüler die im Bogen vorgegebenen Taktiken mit Hilfe dieser Fragen untersuchen und ihre Ergebnisse in den Beobachtungsbogen eintragen.

Zum Schluß können Sie einzelne Schüler auffordern, ihre Antworten zu den verschiedenen Taktiken vorzulesen, die Antworten noch einmal in der Klasse zu besprechen und evtl. zu ergänzen.

Phase 5:

Schüler planen Rollenspiele, in denen Taktiken angewendet werden, und diese sollen mit Hilfe des zuletzt gegebenen Einschätzungsbogens analysiert werden.

9. Stunde

Mit dieser Stunde wird eine besondere Phase des Projekts eingeleitet: Die Schüler sollen zur „sozialen Sensibilität" befähigt werden. Im Zusammenhang mit der Beobachtung eigenen Verhaltens sollen die Schüler ihre eigenen Emotionen und die affektiven Reaktionen ihrer Mitschüler erfassen. Als Methode zur Anbahnung dieser Fähigkeiten ist es sinnvoll, ein Rollenspiel zu inszenieren und dieses Spiel – wenn möglich – mittels Video-Gerät aufzuzeichnen. Erkären Sie den Schülern, daß dieses Spiel nicht nur zum Spaß geschehe, sondern daß sie daran üben sollten, genau zu beobachten, die Gründe und die Reaktionen der anderen zu erkennen.

Lassen Sie die Schüler in Gruppen zusammen sitzen und fordern Sie die einzelnen Gruppen auf, ihr Spiel, das sie in der nächsten Stunde vorführen sollen, zu planen und Ihnen mitzuteilen, welche Reaktionen Sie in diesem Spiel zeigen sollen und wie die evtl. Bestrafung aussehen solle. Verteilen Sie anschließend die Beobachtungsbögen (vgl. Muster auf S. 122) in der Klasse. Erklären Sie den Schülern, wie sie mit diesem Beobachtungsbogen umgehen sollen: Je ein Schüler der jeweiligen Gruppe soll eine Spalte des Beobachtungsbogens ausfüllen. Jede Gruppe beantwortet so in arbeitsteiliger Form alle Fragen des Beobachtungsbogens.

10. Stunde

Vergewissern Sie sich, daß jeder Schüler weiß, welche Fragen des Beobachtungsbogens er in seiner Gruppe beantworten soll. Lassen Sie die einzelnen Gruppen ihre Spiele vorführen (vgl. Spiel – Beispiele von drei Gruppen S. 136f.).

11. Stunde

Die Beobachtungsbögen sind von den Schülern während der einzelnen Rollenspiele ausgefüllt worden. Dazu haben Sie den Schülern nach jedem Gruppenspiel einige Minuten Zeit eingeräumt.

In dieser Stunde sollten die einzelnen Beobachtungsbögen miteinander verglichen werden. Lassen Sie die Schüler die Rollenspiele der jeweiligen Gruppen anhand der ausgefüllten Beobachtungsbögen rekonstruieren. Fordern Sie die Schüler zunächst auf darzustellen, was sich z.B. im ersten Spiel ereignet hat.

Lassen Sie anschließend die auf dem Beobachtungsbogen angegebenen Fragen beantworten, vergleichen und ergänzen. Prüfen Sie, ob die Schüler die Verhaltensweisen richtig beobachtet und die Fragen sinnvoll beantwortet haben. Sie werden feststellen, daß der Vergleich der Beobachtungsbögen sich als notwendig erweist, zumal so Beobachtungen, Gründe und Reaktionen ergänzt werden können und damit an Genauigkeit gewinnen.

Phase 6:

Die Schüler nehmen zu einer Bildgeschichte Stellung, auf der Personen mit unterschiedlichem Status in eine aggressive Kettenreaktion verwickelt sind und formulieren anschließend Möglichkeiten zur Bewältigung dieser Situation.

12. Stunde

Verteilen Sie ohne Kommentar vervielfältigte Blätter (Muster auf S. 123), auf denen eine aggressive Kettenreaktion in Bildern festgehalten ist. Lassen Sie die Schüler folgende Fragen beantworten:

1. Was wird auf den einzelnen Bildern dargestellt?
2. Welche Gefühle empfinden die Personen?
3. Welche Überschrift könnte man der ganzen Geschichte geben?

Vermutlich werden die Schüler die Überschrift der Geschichte relativ schnell erkennen: „Immer auf die Kleinen“.

Nehmen Sie diesen oder einen anderen, von den Schülern erfundenen Spruch zum Thema der anschließenden Diskussion in der Klasse. Sie können z.B. – zur Belebung und Vertiefung der Diskussion – die Fragen stellen:

Wer sind eigentlich die Kleinen?

Wer sind eigentlich die Großen?

Fordern Sie die Schüler auf, Beispiele aus ihrem eigenen Erfahrungsbereich (Familie, Schule etc.) zu diesen Fragen zu nennen.

Diskutieren Sie mit den Schülern darüber, wie sich die „Kleinen“ gegenüber den „Großen“ wehren können.

Muster des Fragebogens

Über die Schule, die Schüler und Lehrer

I. Wie gefällt es Dir in der ... Schule?

- ☐ nicht
- ☐ geht so
- ☐ gut
- ☐ kannst Du dafür Gründe angeben?

....

II. Warum gehst Du zur Schule?

- ☐ um zu lernen,
- ☐ weil es mir Spaß macht,
- ☐ weil es Pflicht ist,
- ☐ weil ich mich auf meinen Beruf vorbereiten will,
- ☐ andere Gründe.

III. Drei Schüler unterhalten sich über unsere Klasse.
Helmut sagt: Ich wäre lieber in einer anderen Klasse, hier gibt es niemanden, mit dem ich zusammen arbeiten möchte. Außerdem lernt man nichts.
Frank meint: Es gibt zwar ein paar Außenseiter in der Klasse, aber mit meinem Nachbarn verstehe ich mich ganz gut und außerdem sind andere Klassen auch nicht anders.
Ute sagt: Also, mir gefällt's gut in der Klasse. Wir helfen uns gegenseitig, und wenn einer mal nichts weiß, wird er nicht gleich schief angesehen.
Welcher Meinung stimmst Du zu?

- ☐ Helmut
- ☐ Frank
- ☐ Ute

IV. Wenn Du im Unterricht keine Lust hast mitzumachen, dann liegt das daran, daß

- ☐ Du das Fach nicht magst,
- ☐ Du sowieso meinst, daß Schule abgeschafft werden müßte,
- ☐ die Themen so langweilig sind,

- ☐ Dich andere Dinge mehr interessieren,
- ☐ Deine Mitschüler im Unterricht immer Mist machen,
- ☐ der Lehrer den Unterricht nicht interessant genug macht.

V. Wenn Du im Unterricht Unsinn machst, dann weil

- ☐ es Dir Spaß macht,
- ☐ Du nicht lange ruhig sitzen kannst,
- ☐ Du den Lehrer ärgern willst,
- ☐ die anderen auch Mist machen,
- ☐ Du den Unterricht langweilig findest,
- ☐ Du sehen willst, wie weit Du es treiben kannst,
- ☐ Du Dir nichts dabei denkst.

VI. Es wird behauptet, daß einige Schüler gern was in der Schule kaputt machen.

- ☐ Stimmt gar nicht,
- ☐ das sind nur wenige,
- ☐ liegt daran, daß die Lehrer die Schüler zuwenig beaufsichtigen,
- ☐ weil die Schüler zu Hause nichts kaputt machen dürfen, toben sie sich in der Schule aus,
- ☐ in der Schule geht vieles schnell kaputt, weil es schlechtes Material ist.

VII. Meinst Du, es macht Euren Lehrern Spaß, bei Euch zu unterrichten?

- ☐ Unsere Klasse ist in Ordnung, da gibt es keine Schwierigkeiten.
- ☐ Wir sind alle keine Engel. Trotzdem macht es ihnen Spaß.
- ☐ Wir sind manchmal etwas laut, aber wir machen ihnen sonst keinen Ärger.
- ☐ Ist mir egal. Sie werden ja dafür bezahlt.
- ☐ Bei uns ist immer etwas los. Da ist es bestimmt nicht leicht, Lehrer zu sein.

VIII. Wenn Du Lehrer wärst, dann würdest Du in Deiner Klasse erst einmal ...

- ☐ für Ordnung sorgen, für Ruhe sorgen,
- ☐ die Krachmacher rausschmeißen,
- ☐ das Vertrauen gewinnen,
- ☐ öfters einen Ausflug machen,
- ☐ den Kindern helfen,
- ☐ ....

IX. Viele Schüler meinen, es sei Sache des Lehrers zu bestimmen, was im Unterricht gemacht wird. Welches ist Deine Meinung?

- ☐ Der Lehrer soll sagen, was im Unterricht gemacht wird. Er wird schließlich dafür bezahlt.
- ☐ Im Grunde ist es mir gleichgültig, wer die Themen aussucht, Hauptsache ist, man lernt etwas dabei.
- ☐ Ich finde es schon wichtig mitzureden, welche Themen drankommen, besonders um zu verhindern, daß Sachen gemacht werden, die mich nicht interessieren.

X. Wie verhalten sich Eure Lehrer, wenn es um die Einhaltung bestimmter Forderungen (Hausaufgaben) geht?

- ☐ Sind streng und unnachsichtig,
- ☐ mal streng, mal lassen Sie's durchgehen,
- ☐ verstehen uns,
- ☐ versuchen zu erklären, warum sie bestrafen,
- ☐ sind in kleinen Dingen nicht so streng,
- ☐ ....

XI. Wie reagieren Eure Lehrer, wenn Ihr den Unterricht einmal stört?

- ☐ Achten nicht darauf,
- ☐ ermahnen mich,
- ☐ schreien mich an,
- ☐ geben Strafarbeiten,
- ☐ geben schlechte Noten,
- ☐ ....

Beobachtungsbogen

Was du tust	Warum du es tust	Gegen wen/an wen gerichtet	Mitschüler: Reaktion, Empfindung	Lehrer: Reaktion, Empfindung	Sonstige Auswirkungen
den Nachbarn schlagen	den Nachbarn ärgern	Gegen den Nachbarn	schreit, schlägt, Schmerz, Wut	schimpft, Wut	Unterricht gestört, evtl. Strafe
dem Nachbarn die Tasche verstecken	den Nachbarn ärgern	Gegen den Nachbarn/ an die Gruppe	schimpft, schreit, Wut	schimpft, Wut	Unterricht gestört
mit Gummi schießen	Mitschüler, Lehrer ärgern	gegen 1 Mitschüler, Lehrer, an die Klasse	schreit, Schmerz, Wut	schimpft, Wut	Strafe, Unterricht gestört
mit Absicht vom Stuhl fallen	Lehrer ärgern	Gegen Lehrer, an die Klasse	Klasse lacht schadenfroh	schimpft, Zorn	Strafe, Unterricht gestört
leise singen	Unterricht ist langweilig	Gegen Lehrer, an die Klasse	Klasse lacht schadenfroh	schimpft, Zorn	Strafe, Unterricht gestört
essen	Hunger, Unterricht ist langweilig	gegen/an niemand	keine Reaktion	ermahnt	–
Comics lesen	Unterricht ist langweilig, Comics interessanter	gegen den Unterricht, das Thema	–	ermahnt, ruft auf, schimpft	Strafe

Beobachtungsbogen des Rollenspiels

Was wird getan	Warum	Gegen wen/an wen gerichtet	Mitschüler: Reaktion, Empfindung	Lehrer: Reaktion, Empfindung	Sonstige Auswirkungen
1. Herumlaufen, Stuhl wegziehen, Streit	Unterricht langweilig	gegen Nachbarn, Lehrer, an die Klasse	Nachbar schimpft, ist wütend, Klasse lacht	Lehrer schimpft, ärgerlich	Strafe, Unterbrechung des Unterrichts
2. Bonbons wegnehmen, Streit	Unterricht langweilig	gegen Nachbarin	Nachbarin ist böse, wütend	Lehrer schimpft, wütend	Strafe, Unterbrechung des Unterrichts
3. Mitschülerin bringt an	Hausaufgaben vergessen, Mitschüler bestrafen	gegen Mitschüler	Mitschüler wollen sich rächen, sind wütend	Lehrer ermahnt	Strafe, Unterbrechung des Unterrichts
4. Radio gehört	Unterricht langweilig	gegen Lehrer gegen Thema	Mitschüler freuen sich schadenfroh	Lehrer ermahnt	Strafe, Unterbrechung des Unterrichts
5. Vera, Michael streiten sich	Langeweile, Abwechslung	nichts dabei gedacht, Aufmerksamkeit der Klasse	Mitschüler lachen	Lehrer ärgert sich	Strafe, Ablenkung vom Unterricht
6. Briefe schreiben, wegnehmen	Langeweile, Thema uninteressant	an die Mitschüler, Kontaktaufnahme	Mitschüler lachen über den Krach	Lehrer ärgert sich, ist wütend	Strafe, Ablenkung vom Unterricht

1.
2.
3.
4.
5.
6.

8.1.3 Bedingungsanalyse: Merkmale der Lehrer- und Schülerrolle

Eine notwendige Erweiterung und Vertiefung des skizzierten Unterrichtsmodells bestände darin, die *Bedingungen* zu untersuchen, die für das Auftreten spezifischer Taktiken im Unterricht verantwortlich sind. Dabei wäre zu unterscheiden zwischen Bedingungen, die sich auf die *schulische* und *außerschulische* Lebenswelt der Schüler beziehen. Die Lebenswelt Schule schließt sich den Schülern zunächst über den Lehrer auf. Um zu verhindern, daß der Lehrer sozusagen zum „Buhmann" gemacht wird, in dessen Willkür jede Maßnahme liegt, sollten die „objektiven" Merkmale der Lehrerrolle herausgearbeitet werden. Dies führt zu der Erkenntnis, daß der Lehrer in seinem Handeln aufgrund der schulischen Zwänge (Notengebung, Lehrpläne, Schulordnung, Schulhierarchie u. a.) begrenzt ist.

Parallel zur Analyse der Lehrerrolle wären die inner- und außerschulischen Merkmale der Schülerrolle zu bestimmen. Ähnlich wie für den Lehrer gelten – in allerdings noch stärkerem Ausmaß und größerer Abhängigkeit – auch für die Schüler die Zwänge schulischer Lernsituationen: Leistung, Konformität, Disziplin u. a. Darüber hinaus sind für das Auftreten spezifischer Schülertaktiken außerschulische Faktoren verantwortlich zu machen.

Unsere Ausführungen zur Bedingungsanalyse sind – wie Sie bemerkt haben – im Gegensatz zu den bisher entwickelten Planungsvorstellungen noch relativ abstrakt und unverbindlich, d. h. eigentlich nur programmatisch.

An dieser Stelle sind Sie nun aufgefordert, ähnlich wie in den Phasen 1–5 des Unterrichtsmodells Disziplin vorgeführt, *eigene* Planungsvorstellungen zu entwerfen und zu konkretisieren.

Übungsaufgabe

Entwickeln und konkretisieren Sie Vorstellungen zur Lernsituation „Merkmale der Lehrer- und Schülerrolle".

8.2 Probleme und Paradoxien bei der unterrichtspraktischen Realisierung

Aufgrund eigener Erfahrungen mit der Verwirklichung eines solchen Modells im Schulunterricht (vgl. Abschnitt 8.3) möchten wir Sie auf einige neuralgische Punkte und Probleme dieses Unterrichtsmodells hinweisen. Über das Ziel dieses Modells – Sensibilisierung der Schüler und Lehrer für ihre eigenen Verhaltensweisen – wird es kaum Dissens geben: Zumindest nicht bei denjenigen, die die allgemeine unterrichtstheoretische Zielsetzung und Richtung eines solchen Unterrichtsmodells akzeptieren. Schließlich wird dadurch die Basis für eine Kommunikation geschaffen, die erst einen sinnvollen, an den Interessen der Schüler orientierten Unterricht möglich macht. In diesem Sinne argumentiert auch Hartwig, wenn er sagt:

> „... Dagegen wird hier dafür plädiert, sich auf die unmittelbare Interaktion im Unterricht einzulassen, weil nur so die Schüler ihren Status als Subjekte behalten können. Die Anerkennung und Bewältigung von Unmittelbarkeit ist die Voraussetzung dafür, daß sich Interessen der Schüler – wie schwach und beschnitten auch immer – im Unterricht auswirken können."[1]

Außerdem können durch das Bewußtmachen von insbesondere nicht-sprachlichen Taktiken sehr viele Konflikte und Aggressionen, die auf unterschiedlicher Einschätzung (Interpunktion) von Lehrern und Schülern beruhen, vermieden werden. Allerdings können die Auswirkungen eines solchen Unterrichtsmodells ambivalent sein. Es ist durchaus möglich, daß durch ein solches Vorhaben die „Gegenmacht" der Schüler abgebaut wird, d.h., daß die Schüler sich einer Verteidigungsmöglichkeit begeben, wenn sie ihre Taktiken des Überlebens offenbaren. Mit anderen Worten: Ein solcher Unterricht, der die Schülerstrategien und Schülertaktiken aufarbeitet, um sie zu professionalisieren und Schülern eine Gegenmacht zu ermöglichen, *kann* zur raffiniertesten Form lehrerzentrierten Unterrichts werden. Der Lehrer gerät dann in die Rolle des *„Verfassungsschützers"*, der seine eigenen Taktiken, Strategien und Situationsdeutungen *nicht* offenzulegen genötigt ist, aber die Schüler zwingt („motiviert"), dies zu tun. Außerdem ist es möglich, daß dadurch, daß die Schüler ihre eigenen, vom Unterricht ablenkenden Taktiken zurückhalten und

---

[1] Helmut Hartwig: Ein Vormittag in der Hauptschule. In: Ästhetik und Kommunikation, 20/1975, S. 26

sich aufgrund eines moralischen Postulats – man darf den Lehrer oder die Mitschüler nicht mehr ärgern, sie sind ja nicht wirklich gemeint – wohlverhalten, ihr Verhalten sehr stark verunsichert wird. Falls sie aber die Taktiken weiter verwenden, werden sie dies zukünftig mit Schuldgefühlen tun.

Andererseits besteht die Möglichkeit, daß die Schüler aufgrund der Einsicht in ihre eigenen Taktiken sowie der Erkenntnis, sie können den Unterrichtsablauf stören bzw. verhindern, die Taktiken in solidarischen Aktionen gezielt einsetzen, sobald der Lehrer gegen den Willen der Schüler Unterricht durchführt. In diesem Fall wären die Taktiken als „Gegenmacht" gezielt gegen nichtlegitimiertes Vorgehen des Lehrers eingesetzt. Die bewußte Verwendung spezifischer Taktiken scheint darüber hinaus die einzige Möglichkeit zu sein, dem Zwang des Lehrers zu entgehen. Außerdem wäre zu fragen, ob ein Unterricht, in dem die Taktiken der Schüler unterdrückt werden, wirkungsvoller ist und ob die Schüler mit der Angst, die zur Unterdrückung notwendig ist, mehr und „besser" lernen.

Von der Möglichkeit, sich gemeinsam dem Zwang des Lehrers zu widersetzen, sollten die Schüler erst als letztes Mittel nach Versagen anderer Formen der Auseinandersetzung (z.B. Einschalten des Vertrauenslehrers) Gebrauch machen. Schließlich – und damit nennen wir einige Bedingungen, die Voraussetzung für die Durchführung eines solchen Modells sind – kann die Reaktion der Schulbürokratie auf solidarische Weigerungen von Schülern bzw. Schulklassen sehr heftig und hart sein, getreu dem Grundsatz: Teile und herrsche. Das heißt, man sollte als Lehrer – bevor man ein solches Modell in Angriff nimmt – versuchen, weitere Kollegen und ihre Klassen für dieses Vorhaben zu gewinnen. Außerdem wäre es sehr wichtig, die Eltern zu informieren und um ihre Zustimmung zu werben. Erst wenn diese Voraussetzungen erfüllt sind, wird dieses Unterrichtsmodell auch tatsächlich die angestrebten Ziele erreichen können, ohne Schaden für Lehrer und Schüler zu bringen. Zum Schluß möchten wir auf den Einwand eingehen, dieses Modell könne nur in Fächern wie Deutsch, Sozialkunde oder Kunst, nicht aber im Physik- und Mathematikunterricht durchgeführt werden. Zweifellos treten auch in diesen Fächern Konflikte in Form von „Disziplinproblemen" oder „Unterrichtsstörungen" auf, wenngleich im naturwissenschaftlichen Unterricht der (Leistungs-) Druck auf Lehrer und Schüler ungleich größer ist als etwa im Sozialkundeunterricht. Selbst auf die

Gefahr hin, einen Teil des Stoffes, der im Lehrplan vorgesehen ist, nicht behandeln zu können, ist es auch für den Lehrer mit naturwissenschaftlichen Fächern notwendig, manchmal sogar unabdingbar, Sensibilisierungsphasen in seinen Unterricht einzubeziehen, sofern er an einer Kommunikation und besseren Verständigungsbasis mit den Schülern interessiert ist.

8.3 Ein praktisches Beispiel für die Durchführung des Unterrichtsmodells: Disziplin

Das soziale Umfeld der Klasse und der Schüler

Das Projekt wurde in einer, wie wir meinen, typischen städtischen Hauptschulklasse (7. Schuljahr) erarbeitet. Die soziale Klassenzugehörigkeit ist homogen: 90 Prozent der Schüler kommen aus Arbeiterfamilien. Die meisten Väter sind un- und angelernte Arbeiter. Der Rest arbeitet als Facharbeiter und Handwerker.

Es gibt einige Hinweise auf angespannte Situationen zu Hause. In zwei von drei Familien müssen Vater *und* Mutter arbeiten. Bei jedem sechsten Schüler sind die Eltern geschieden. Die Altstadtwohnungen des Wohnviertels aus der Zeit um die Jahrhundertwende – besonders die Hinterhäuser, aus denen die Schüler zumeist kommen – bieten wenig Komfort. So haben zum Beispiel ein Drittel der Schülerwohnungen keine Dusch- oder Badegelegenheiten. Im übrigen verhindert die enge Bebauung des Wohnquartiers, daß die Schüler sich draußen „austoben" können.

Die Lage in der Schulklasse ist für Schüler und Lehrer gleich schwierig. Ein Drittel der 32 Schüler sind Gastarbeiterkinder – Türken, Griechen, Jugoslawen, Italiener. (Immerhin können sich die meisten ausländischen Kinder ausreichend bis gut in der deutschen Sprache verständigen.) Ein gutes Drittel der Schüler mußte in der Grundschule eine Klasse wiederholen; einige davon zweimal. Zwei Schüler sind von der Realschule und dem Gymnasium an die Hauptschule zurückgeschickt worden. Sie zeigen das „auffälligste" Verhalten. Der Unterrichtsbetrieb steht an jedem

Vormittag mehrmals in Gefahr zusammenzubrechen. Die Lehrer sind oft krank und wechseln häufig. Die Klasse mußte in den letzten zwei Jahren vier Klassenlehrer über sich ergehen lassen.

Bei dieser Lage der Dinge bieten sich dem Lehrer eine Fülle von alltäglichen Konfliktsituationen als Gegenstand von schülerbezogenem Unterricht an: Ein Einrichtungsgegenstand der Schule ist kaputtgegangen; einige Schüler sind an einer Schlägerei beteiligt gewesen; die Hofaufsicht hat die Jugendlichen beim Rauchen ertappt usw. In unserem Fall wählen wir einen künstlichen Einstieg. Wir wollen weniger auf dramatische und bedrohliche oder die Aufmerksamkeit erheischende Aspekte des Schullebens hinaus. Uns interessieren die täglichen Dinge in der Schulklasse.

Projektbeschreibung

Die Klasse befragt sich selbst. Ein Fragebogen zum Problem der Unterrichtsstörungen

Wir eröffnen das Projekt mit einer Selbstbefragung der Klasse:
- Wie sehen die Schüler die Unterrichtssituation?
- Warum eigentlich stören sie gelegentlich?
- Wie reagiert die Lehrerin auf Unterrichtsstörungen und wie fühlt sie sich dabei?

Mit dem Fragebogen verfolgen wir ein doppeltes Ziel. Ein Ziel ist, den Schülern und uns einige Kategorien vorzugeben, anhand derer sich ein Unterrichtsgespräch führen läßt. Die andere Absicht ist, ein Beispiel dafür zu geben, wie man als Lehrer Unterricht und die Untersuchung von Unterricht im Sinne der Handlungsforschung miteinander verbinden kann. Der Lehrer verschafft sich nicht Informationen *über* die Klasse, um diese pädagogisch besser handhaben zu können, sondern er untersucht zusammen mit den Schülern deren und seine Lage. Die Untersuchung und deren Auswertung sind Bestandteil des Unterrichts und eines gemeinsamen Lernprozesses.

Die Entwicklung des Fragebogens ist Gegenstand einer Unterrichtsstunde. Die Lehrerin bringt die Idee ein: Wenn wir über Unterricht und Unterrichtsprobleme sprechen wollen, ist es gut zu wissen, wie die einzelnen in der Klasse darüber denken. Ein Weg um das herauszubekommen ist der Fragebogen. Die Lehrerin ist es auch, die die Kategorien vorschlägt: Warum machst du Unsinn im Unterricht? Macht der Klassenlehrerin der Unterricht Spaß?

Die Schüler helfen mit, mögliche Vorgaben für Antworten zu den einzelnen Fragen zu finden:
- weil es dir Spaß macht;
- weil du nicht lange sitzen kannst usw.

Indem sie sich mögliche Antworten ausdenken, erarbeiten sie bereits die ersten, noch groben Interpretationsmuster für Schüler- und Lehrerhandlungen.

In der folgenden Unterrichtsstunde wird der Fragebogen in der Klasse ausgefüllt. Die Auswertung erfolgt in Gruppen. Bei den geschlossenen Fragen fertigen die Schüler Strichlisten an, bei den offenen schreiben sie alle Antworten auf und versuchen, daraus Gruppen zu bilden. Die Ergebnisse der Auswertung werden an der Tafel festgehalten und in der Klasse diskutiert.

Ergebnisse und Diskussion des Fragebogens

Die Klasse gliedert die Diskussion über die Ergebnisse der Befragung in vier thematische Schwerpunkte.

Erstes Thema:
Unterrichtsstörung

Wenn du im Unterricht keine Lust hast mitzumachen, dann liegt das daran, daß ...

	Zustimmung
... du das Fach nicht magst	17
... die Themen so langweilig sind	15
... dich andere Dinge mehr interessieren	7
... deine Mitschüler im Unterricht immer Mist machen	6
... der Lehrer den Unterricht nicht interessant macht	4
	49

(Mehrere Kreuze möglich)

Wenn du im Unterricht Unsinn machst, dann weil ...

	Zustimmung
... du den Unterricht langweilig findest	17
... du nicht lange ruhig sitzen kannst	13
... die anderen auch Mist machen	4
... es dir Spaß macht	2
... du den Lehrer ärgern willst	2
... du sehen willst, wie weit du es treiben kannst	2
... du dir nichts dabei denkst	0
	40

Mehrere Kreuze möglich)

Die Hauptkategorie, mit der Schüler ihre Unterrichtsstörungen interpretieren, ist die Langeweile. In der Diskussion wird deutlich, was sich hinter dieser groben Kategorie verbirgt. Einige Schüler haben eine lange negative Lerngeschichte in bestimmten Fächern durchlaufen, die in der Grundschule ihren Anfang nahm. Sie schalten bereits ab, wenn sie nur Rechnen oder Rechtschreiben hören. Andere Schüler wissen überhaupt nicht, was sie mit den Unterrichtsgegenständen anfangen sollen, weil sie ihren eigenen Problemen so fernstehen. Außerdem könne man sich gar nicht engagieren, weil viele Lehrer das Thema so langweilig darstellen.

Die Lehrerin hat den Eindruck, daß bestimmte Motive für Unterrichtsstörungen nicht ganz offen angekeuzt werden. (Vielleicht weil die Schüler Rücksicht auf die Lehrerin nehmen und bestimmte Gründe sich und den anderen nicht offen eingestehen wollen.) Sie vermutet, daß die Schüler sie durchaus häufig provozieren und auch ärgern wollen.

Zweites Thema:
Etwas in der Schule kaputtmachen

Es wird behauptet, daß einige Schüler gern etwas in der Schule kaputtmachen. Was meinst du dazu?

	Kreuze
Das sind nur wenige	20
Weil die Schüler zuhause nichts kaputtmachen dürfen, toben sie sich in der Schule aus	6
In der Schule geht vieles kaputt, weil es schlechtes Material ist	3
stimmt gar nicht; ohne Aufgabe	3
	32

Die Schüler diskutieren vor allem die Frage, welche Auswirkungen Einschränkungen zuhause auf das Verhalten in der Schule haben. Man weist auf die begrenzten Möglichkeiten im häuslichen Bereich hin und berichtet über Fälle, in denen einzelne Kinder von ihren Eltern in der Wohnung eingesperrt werden. Die Schule dagegen – meinen sie – bietet ihnen mehr Platz für Aktivitäten: Viele Mitschüler, wenige Erwachsene, große Räume, viel Zeit. Ansonsten legen die Schüler noch großen Wert darauf, daß es ja *so* schlimm mit den Zerstörungen in der Schule nicht sei.

Drittes Thema:
Die Lehrerin

Wie verhält sich die Lehrerin, wenn es um die Einhaltung bestimmter Forderungen (Hausaufgaben) geht?

	Kreuze
versucht zu erklären, warum sie bestraft	14
mal streng, mal läßt sie's durchgehen	9
versteht uns	5
ist in kleinen Dingen nicht so streng	2
ist streng und unnachsichtig	0
ohne Angaben	2
	32

Wie reagiert deine Lehrerin, wenn du im Unterricht einmal störst?

	Kreuze
ermahnt mich	23
gibt Strafarbeiten	4
achtet nicht darauf	1
schreit mich an	1
gibt schlechte Noten	0
ohne Angaben	3
	32

Meinst du, es macht deiner Klassenlehrerin Spaß, bei euch zu unterrichten?

	Kreuze
Bei uns ist immer etwas los. Da ist es bestimmt nicht leicht Lehrerin zu sein	20
Wir sind keine Engel. Trotzdem macht es ihr Spaß	5
Wir sind manchmal etwas laut, machen aber sonst keinen Ärger	5
Unsere Klasse ist in Ordnung. Sie hat keine Schwierigkeiten	0
Ist mir egal. Sie wird ja dafür bezahlt	0
ohne Angaben	2
	32

Insgesamt wird die Lehrerin von den Schülern als nicht streng angesehen. (Einige Schüler haben den Eindruck, daß die Lehrerin nicht weiß, ob und wann sie „durchgreifen“ soll.) Dies ist bemerkenswert, da in der Diskussion erklärt wird, daß es nicht einfach sei, in dieser Klasse zu unterrichten. Einige Schüler äußern sogar: Ich möchte nicht Lehrer in der Klasse sein. Ihre Hilflosigkeit, Lösungen für die Einhaltung der Ordnung in der Klasse zu finden, drückt sich in den Ergebnissen der folgenden Frage aus:

Viertes Thema:
Wenn du Lehrer wärst ...

Wenn du Lehrer wärst, würdest du in der Klasse erst einmal ...

	Kreuze	
... für Ordnung sorgen, für Ruhe sorgen	9	13
... die Krachmacher rausschmeißen	3	
... strenger sein	1	
... das Vertrauen gewinnen	4	9
... öfters einen Ausflug machen	4	
... den Kindern helfen	1	
... ohne Angaben		10
		32

Wie das Unterrichtsgespräch bestätigt, zerfällt die Klasse bei diesem Thema in drei Gruppen. Die größte Gruppe kann sich die Lösung des Disziplinproblems nur so vorstellen, daß der Lehrer autoritär und rigide durchgreift. Eine zweite Gruppe möchte die Unterrichtssituation für die Kinder attraktiver und freundlicher gestalten. Eine dritte Gruppe weiß keinen Rat zu diesem Problem.

Eine Liste von Schülertaktiken wird aufgestellt

In der nächsten Projektphase versichert sich die Klasse der verschiedenen Möglichkeiten, die Schüler haben, um im Unterricht zu überleben und sich den Schulvormittag vergnüglich zu machen. Der Ausgangsimpuls kommt wiederum von der Lehrerin. Sie schreibt an die Tafel: „Was machst du, wenn du im Unterricht nicht mehr ruhig sitzen kannst und die anderen auch Mist machen?“

Auf das Stichwort hin gerät die Klasse in Bewegung. Jeder Schüler kann zur Tafel gehen und seine Taktiken notieren. Alle drei Tafeln in der Klasse – insgesamt 12 m^2 – werden vollgeschrieben.

Die von den Schülern gefundenen Taktiken sind (nachträglich von uns unter drei übergeordneten Gesichtspunkten zusammengestellt):

Diskussion über die Schülertaktiken

Im Gespräch stellen die Schüler fest, daß man für die Mehrzahl seiner Taktiken die Klasse oder den Nachbarn braucht und daß diese Taktiken zumeist recht aggressiv sind. Einem Schüler fällt auf, daß nur wenige partnerbezogen sind (Kartenspielen, gemeinsam summen).

In einem weiteren Schritt wird nach den Ursachen der Verwendung spezifischer Taktiken im Unterricht gefragt. Für die Taktiken, die als aggressive Akte gegen den Nachbarn zu bezeichnen sind, wird als Grund angegeben: den Nachbarn ärgern. Oder: über den Umweg, den Nachbarn zu auffälligem Verhalten zu veranlassen, sollte auch der Lehrer geärgert werden. Taktiken des „offenen Radaus" (in der Klasse herumlaufen, dazwischenrufen, mit dem Schwamm werfen) werden auf ereignislosen, langweiligen Unterricht zurückgeführt bzw. damit begründet, den Lehrer provozieren zu wollen.

Längere Zeit diskutiert die Klasse den Punkt: Sich mit dem Nachbarn unterhalten bzw. dem Nachbarn falsch vorsagen. Nur wenige Schüler meinen, daß sie sich auch über schulische Dinge in der Klasse unterhalten. Mehr als die Hälfte betont, daß sie normalerweise dem Mitschüler helfen, wenn er aufgerufen wird und eine Antwort nicht weiß.

Die Schüler machen während dieser Stunde den Eindruck, als seien sie sich der Wirkung ihrer Taktiken bewußt. Sie genießen es, sich als „Unterrichts-Profis" vor der Lehrerin und den Mitschülern darstellen zu können[1].

---

[1] Ein Verhaltensmodifikator wird an dieser Stelle sicherlich einwenden, daß durch die Aufmerksamkeit, die wir den Schülertaktiken widmen, dieses „unerwünschte Verhalten" zusätzlich verstärkt wird. Darauf möchten wir antworten, daß wir es nicht für möglich halten, die von der Schule und den Schülern in einer langen Schullaufbahn aufgebauten Verhaltensmuster durch einen einzelnen Lehrer „auslöschen"

Zusammenfassung der Diskussion: Einschätzungsbogen

In der folgenden Stunde erhält jeder Schüler von der Lehrerin einen Einschätzungsbogen (vgl. Musterbogen), in dessen erste Spalte zwölf von den Schülern genannte Taktiken eingetragen sind. Der Auftrag lautet, die jeweiligen Felder auszufüllen. Dadurch soll die vorangegangene Diskussion über Schülertaktiken noch einmal zusammengefaßt und systematisiert werden.

---

1. Schülertaktiken, die sich direkt auf den Nachbarn beziehen:

Dem Nachbarn ...
- das Bein stellen, wenn er aufsteht,
- den Stuhl wegziehen,
- verkloppen,
- beim Reden stören,
- auf den Fuß treten,
- die Tasche verstecken,
- falsch vorsagen,
- die Hose bemalen,
- Knoten in den Ärmel machen,
- das Buch auf den Kopf schlagen,
- die Jacke (Schultasche, Füller) klauen,
- Reißzwecken auf den Stuhl legen,
- Kaugummi auf die Bank kleben,
- eine runterhauen,
- mit dem Nachbarn spielen (Kartenspielen, Schiffchen versenken, Stadt, Land, Fluß spielen)
- sich mit dem Nachbarn unterhalten.
- den Nachbarn petzen (kneifen),
- beißen,
- an den Haaren ziehen,
- mit dem Zirkel stechen,
- vom Stuhl werfen,
- mit einer Nadel pieken,
- an der Nase ziehen,
- dem anderen in den Arsch treten,
- die Nachbarin abschlecken,

2. Schülertaktiken, die sich auf die Klassenöffentlichkeit beziehen
- mit Absicht vom Stuhl fallen,
- zum Wasserstein laufen,
- während des Unterrichts reden,
- während des Unterrichts an den Papierkorb gehen,
- dazwischenrufen,
- wie verrückt melden,
- Briefchen schreiben,
- leise zusammen summen oder singen,
- mit Gummi schießen,
- die Bänke wegschieben,
- mit Papier in der Klasse rumwerfen,

---

zu lassen. Wichtiger erscheint uns, die Sprachbarriere, die zwischen Lehrer und Schülern über diesen Teil des Unterrichtslebens vorhanden ist, zu durchbrechen. Wenn Schüler in ihrer Expertenrolle ernstgenommen werden, so ist das vielleicht ein Beitrag zum Wiederaufbau ihrer gerade in diesen Jahren gefährdeten Identität.

- den anderen die Bilder zerreißen,
- auf die Bänke stellen,
- die Hefte in der Klasse herumschmeißen,
- in der Klasse herumlaufen,
- mit dem Schwamm (Kreide) herumwerfen,
- aus dem Fenster gucken,
- Hausaufgaben machen,
- Stinkbomben werfen,
- Niespulver verstreuen,
- auf die Toilette gehen,
- herumkritzeln,
- Herzen malen und verschicken.

3. Schülertaktiken, die sich auf die eigene Person beziehen (Selbstbeschäftigung

- Comics lesen,
- am Daumen lutschen,
- in der Nase bohren,
- schlafen,
- essen,
- in den Haaren wühlen.

Was du tust	Warum du es tust	Gegen wen/an wen gerichtet	Mitschüler: Reaktion, Empfindung	Lehrer: Reaktion Empfindung	Sonstige Auswirkungen
den Nachbarn schlagen	den Nachbarn ärgern	Gegen den Nachbarn	schreit, schlägt, Schmerz, Wut	schimpft Wut	Unterricht gestört, evtl. Strafe
dem Nachbarn die Tasche verstecken	den Nachbarn ärgern	Gegen den Nachbarn/an die Gruppe	schimpft, schreit, Wut	schimpft, straft, Wut	Unterricht gestört
mit Gummi schießen	Mitschüler, Lehrer ärgern	gegen 1 Mitschüler, Lehrer, an die Klasse			
mit Absicht vom Stuhl fallen					
leise singen					
essen					
Comics lesen					

Rollenspiele zu Umgangstaktiken von Schülern

Vorbereitung

Die Lehrerin macht den Vorschlag, ein Rollenspiel in der Klasse zu inszenieren, das in eine normale Unterrichtsstunde eingebettet werden solle. Die Schüler greifen diesen Vorschlag begeistert auf und planen in Gruppen, welche Reaktionen sie im Rahmen dieser Stunde äußern wollen und wie die Lehrerin auf diese Taktiken reagieren soll.

Außerdem wird vereinbart, den zuvor entwickelten Einschätzungsbogen auf das Rollenspiel anzuwenden. Je ein Schüler aus einer Sechsergruppe hat den Auftrag, seine Beobachtungen bzw. Gründe für das gezeigte Verhalten in eine Spalte des Bogens einzutragen. Dies wird an einer Szene exemplarisch vorbereitet.

Rollenspiel und Aufzeichnung des Spiels

Das Spiel wird in eine Geometriestunde eingebettet. Thema dieser Stunde ist eine Wiederholung der Berechnung von Umfang und Fläche des Quadrats und Rechtecks.

Zuvor wird den Schülern mitgeteilt, daß das Rollenspiel zum Zwecke einer unterrichtlichen Analyse aufgezeichnet werden soll. Die Lehrerin eröffnet den Unterricht und will zunächst die Bezeichnung der Seiten und die daraus sich ergebende Formel für den Umfang des Quadrats erarbeiten.

Spiel-Beispiele von drei Gruppen:

1. Gruppe:

Sie fängt an zu „arbeiten". Ein Schüler steht auf und geht betont langsam – wie es Schüler häufig tun, wenn sie den Lehrer provozieren wollen – zum Papierkorb, um ein winzig kleines Stück Papier wegzuwerfen. Die Augen der Mitschüler beobachten ihn gespannt – die Ablenkung vom eigentlichen Thema, der Berechnung des Quadrats – ist gelungen.

Der Schüler geht zu seinem Platz zurück. Als er sich setzen will, zieht sein Nachbar, wie geplant, den Stuhl weg. Mit

Krach und Getöse fällt der Schüler auf den Boden, der Stuhl wird dabei auch noch umgeworfen. Der Schüler steht auf und schlägt auf seinen Nachbarn ein, da er annimmt, daß dieser den Stuhl weggezogen hat. Die Gruppenmitglieder und der Rest der Klasse fühlen sich angenehm unterhalten und lachen laut los. Die Lehrerin greift – wie geplant – ein: „Wer hat den Stuhl weggezogen? Georg! Da ihr euch beide auch noch geprügelt habt – alle beide, Freitag in der 6. Stunde, nachsitzen!“

2. Gruppe:

Die Lehrerin will nun zur „eigentlichen“ Geometriestunde zurückkommen. Das vorher Erarbeitete ist vergessen. Also fängt sie erneut von vorne an. Nachdem die Formel für den Umfang des Quadrats glücklicherweise an der Tafel steht, fängt Tisch zwei an zu spielen. Eine Schülerin hat Bonbons mitgebracht, wickelt sie geräuschvoll aus, bietet ihren Nachbarn davon an. Alle fangen an, die Bonbons auszupacken und zu lutschen. Das Mädchen, dem die Bonbons gehören, legt die Tüte unter ihre Bank. Die Lehrerin hat während dieser Zeit den Unterricht unterbrochen und wartet, bis diese Gruppe sich beruhigt hat. Als sie fortfahren will, schreit das Mädchen: „Wer hat meine Bonbons geklaut?“ Sie fragt ihre Freundin gegenüber. Diese behauptet, Ralf, ihr Nachbar, habe die Bonbons. Maria, das Mädchen mit den Bonbons, und Ralf fangen an sich laut zu streiten und schließlich zu schlagen. Die Lehrerin greift laut schimpfend ein und erteilt beiden Schülern die gleiche Strafarbeit.

3. Gruppe:

Nachdem die „Geometriestunde“ eine Weile ungestört verlaufen ist, erhebt sich eine Schülerin und berichtet der Lehrerin, daß die anderen drei Mädchen an ihrem Tisch ihre Hausaufgaben jetzt machen würden. Die Lehrerin schreitet zur Aktion: „Wie der Name sagt, sind es Haus- und nicht Schulaufgaben. Damit die Damen auch zu Hause in den Genuß der Arbeit kommen, streiche ich ihnen alles durch!“ Damit dreht sich die Lehrerin um und will weiter unterrichten. Doch die drei Mädchen schlagen hinter ihrem Rücken auf das Mädchen, das sie „verpetzt" hat, ein. Die Lehrerin trennt die Streitenden und gibt allen Vieren Strafarbeiten auf.

Während und kurz nach dem Spiel der einzelnen Gruppen haben die Schüler die entsprechenden Spalten des Beobachtungsbogens ausgefüllt. Die Spiele kamen alle bereits im Unterricht der Lehrerin vor. Auch die Reaktionen der Klassenlehrerin wurden von den Schülern wahrheitsgetreu geplant.

Besprechung der Video-Aufzeichnung

Bei dem Vergleich der Beobachtungsbögen hat die Lehrerin den Eindruck, daß das Verhalten, die Ursachen und die Reaktionen vielen Schülern nicht problematisch erscheinen. Das zeigt sich auch während der Diskussion über die Video-Aufzeichnung. Einige Schüler äußern sich: „Frau H., so sind wir aber doch nicht immer! In der Stunde hätten wir ja gar nichts gelernt, da war ja nur Terror! Das machen wir ja nicht immer!"

Die Klasse erarbeitet unter Mithilfe der Lehrerin eine Art „Reaktionskette": Die persönlichen und schulischen Bedingungen verleiten den Schüler zu „stören" – der Lehrer ermahnt, schimpft, straft – der Schüler ist wütend und fühlt sich ungerecht behandelt. Auswirkung: Der Unterricht wird durch die Ablenkung und die Wut des Lehrers womöglich noch schlechter, der betroffene Schüler lernt auch nichts mehr, weil er mit seiner Wut beschäftigt ist, und die anderen Schüler sind endgültig abgelenkt.

Den Schülern wird klar, welche Auswirkungen ihr Verhalten auf Mitschüler, Lehrer, Unterricht und sie selbst hat. Die Erkenntnis, daß sie Unterricht verhindern können, ist für sie ziemlich überraschend. Sie konnten sich vorher nicht recht vorstellen, daß ihre kleinen Manöver in so massiver Form wirken.

Auch die Lehrerin lernt aus der Beobachtung der Video-Aufzeichnung. So, wie die „Geometriestunde" ablief, agiert sie nur als Strafautomat. Es ist geradezu frappierend, mit welcher Sicherheit irgendeine Handlung eines Schülers eine Mahnung oder sonstige negative Sanktionen nach sich zog. Auf die Aktion des Schülers erfolgt die Reaktion der Lehrer. Das veranlaßt die Lehrerin, zukünftig nach anderen Wegen zu suchen, mit Kindern im Unterricht auszukommen. Sie möchte nicht weiter als Strafautomat fungieren.

Roswitha Heinze-Prause/Thomas Heinze: Unterrichtsforschung als Unterricht. In: betrifft: erziehung 10/1974, S. 50–53.

Eine Bildgeschichte

Im Anschluß an diese Diskussion verteilt die Lehrerin ohne Kommentar eine Bildgeschichte und gibt den beiden Unterrichtsleitern (Schülern) folgende Hinweise zur Vorgehensweise:
- Was wird auf den einzelnen Bildern dargestellt?
- Welche Gefühle empfinden die Personen?
- Welche Überschrift könnte man der Geschichte geben?

Die Schüler beschreiben die dargestellte Handlung wie folgt: Der Vater haut der Mutter eine runter. Die Mutter weint. Das Mädchen kommt hinzu. Die Mutter klebt dem Mädchen eine. Das Mädchen weint. Der Hund kommt dazu. Das Mädchen tritt den Hund. Der Hund pinkelt an's Auto. Die Gefühle der Personen werden von ihnen wie folgt beschrieben: Der Vater läßt seine Wut an der Mutter aus. Er haut ihr eine runter. Die Mutter ist sprachlos und erschrokken. Sie empfindet Schmerz und Wut. Sie ärgert sich, weil sie nicht zurückschlagen kann, da der Vater stärker ist. Das Kind ist glücklich, es freut sich über den Luftballon. Die Mutter läßt ihre Wut an dem Kind aus. Sie klebt dem Mädchen eine. Das Kind ist erschrocken und weiß nicht, warum es geschlagen wird. Das Mädchen ist deshalb beleidigt und knirscht vor Wut mit den Zähnen, es platzt bald vor Wut. Da kommt der Hund. Er wedelt mit dem Schwanz und ist froh. Das Kind denkt sich: "Warum soll der Hund es besser haben als ich?" Es gibt dem Hund einen Tritt. Der Hund ist erschrocken, der Tritt tut ihm weh. Da er sich nicht rächen kann, pinkelt er an's Auto. Als Überschrift zur Bildgeschichte nannten die Schüler: „Immer auf die Kleinen".

Abschlußdiskussion: Immer auf die Kleinen

Als Beispiele für „die Kleinen" werden von den Schülern genannt: die Schwachen; die, die Angst haben, die sich nicht wehren können etc. Die Schüler erfinden folgende Situation:

- In der Schule: Der Rektor hat sich geärgert. Den ersten Lehrer, den er sieht, schnauzt er an. Der Lehrer geht voller Wut in die Klasse. Der nächste Schüler, der sich muckst, kriegt einen drauf. Der Schüler ist wütend und versucht einen anderen, schwächeren Schüler zu schlagen ...
- In der Familie: Der Vater hat sich im Betrieb geärgert. Er läßt seinen Ärger an der Mutter aus. Die Kinder spielen etwas laut. Die Mutter knallt mir eine. Meine kleine Schwester wirft ungeschickt meine Eisenbahn um. Dafür haue ich ihr eine runter.

Wer sind „die Großen"? Es sind die, die stärker sind, die mehr zu sagen haben, die im Betrieb mehr zu sagen haben (Chef); die Staaten, die mehr Waffen haben. Für Kinder sind fast alle die Stärkeren: die Eltern, der Lehrer, der Rektor, ältere Kinder, stärkere Kinder.

Auf die Frage der Lehrerin: „Muß es bei uns so sein?" äußern sich einige Schüler: Eigentlich dürfte man seine Wut nicht am Schwächeren auslassen, sondern bei dem, der angefangen hat – aber da kriegt man einen drauf, wenn man der Schwächere ist. Wenn man seine Wut nicht los wird, frißt man sie in sich hinein, und einmal kann man sich nicht mehr beherrschen. Man müßte dem anderen die Laune einfach ansehen können, vielleicht könnte man dann mit ihm darüber sprechen.

Als letzter Punkt soll geklärt werden, warum alle auf die Kleinen einschlagen können. Nachdem die Schüler einige Gründe dafür genannt haben (die Kleinen können sich nicht wehren, sie sind schwach, sie sagen nichts, sie halten den Mund), entwickeln die Schüler folgende Gedankengänge: Viele Kleine müssen sich zusammentun, dann sind

> sie stärker. Wenn sie zusammen sind, haben sie mehr Macht. Nur ein Kleiner ist schwach, wenn er sich Freunde sucht, dann ist er nicht mehr schwach und die Großen können nicht mehr auf ihn schlagen ...

Thomas Heinze: Unterricht als soziale Situation Zur Interaktion von Schülern und Lehrern. München (Juventa) 1976, S. 171–173.

Anhang: Stellungnahmen zu einzelnen Übungsaufgaben

Stichwort: Verdammte Stinkfaulheit (S. 15)

„Das erste: Verwirrung. Ich, als naiver Leser, sehe keinen Zusammenhang zwischen der Überschrift und dem Verhalten des ‚Pädagogen'. Als Lehrerin stehe ich dem Verhalten des Lehrers befremdet gegenüber. Es erscheint mir zudem nicht repräsentativ. Was soll ich dazu schreiben? Soll ich über meine Probleme mit meinen Schülern schreiben oder über die Stinkfaulheit des Lehrers oder seiner Schüler? Soll die Sinnlosigkeit der Schule, so wie sie heute praktiziert wird, klar werden anhand der (beschissenen) Äußerungen dieses Lehrers?"

(Eine Lehrerin)

„Satirische Überzeichnung bestimmter Verhaltensweisen und Ansichten von Lehrern, die leider häufig von den Realitäten noch übertroffen werden. Hervorzuheben die grundlegende Einstellung mancher Lehrer, die die Schüler nur als ihnen völlig ausgelieferte Kreaturen ansehen."

(Ein Lehrer)

Stichwort: Überforderung (S. 16)

„Überfordert fühlte ich mich während meiner Schulzeit nicht. Meine Schulzeit war steril und langweilig. Ich war mittelmäßig-gut und hatte nie die Befürchtung, sitzenzubleiben. Die Schule war fast ‚humaner' als heute, da wir von zu Hause aus bereits so gedrillt waren, in der Schule brav zu sein, daß die Lehrer mit uns keine Schwierigkeiten hatten und nett zu uns sein konnten, ohne irgendwelche Aufmüpfigkeiten erwarten zu müssen. Ich mußte mich nie ‚durchbeißen', was mir eine gewisse Oberflächlichkeit und Denk-Trägheit bescherte, die mich teilweise bis heute verfolgt.

Überfordert fühlte ich mich während meiner Studienzeit, da ich zwei Fächer studierte, die mir im Grunde gar nicht lagen.

Aber weder Elternhaus noch Schule konnten Begeisterung für irgend etwas wecken. Jede Klausur war eine Tortur, die Nachfrage im Sekretariat, ob und mit welcher Note man bestanden hat, ein Gang mit tausend Ängsten und Nöten. Meistens schickte ich eine Freundin.

Ein guter Bekannter erlebte die Schulzeit anders. Er litt unter seinem eigenen Anspruch, gut sein zu wollen. Auch wollte er seine Lehrer nicht enttäuschen, und seine Beliebtheit bei den Lehrern versuchte er durch gute Leistungen zu erreichen. Schon eine schlechte Note in einer Arbeit erweckte in ihm die Angst, am Schuljahresende sitzen zu bleiben. Diese Angst, zu versagen, erzeugte in ihm Streß, gleichzeitig aber auch eine ungeheure Motivation, hart zu arbeiten. Sicher ein Grundstein zu seinem beruflichen Erfolg heute, der ohne Ausdauer, Zähigkeit und Fleiß nicht denkbar wäre."

(Eine Lehrerin)

Stichwort: Zensierung (S. 29)

„Das Zensieren ist heute das größte und fast einzige Druckmittel in der Schule. Kein Lehrer kann sich heute diesem ganz entziehen. Es führt kein Weg an der Tatsache vorbei, daß gerade heute die Schüler speziell für die Noten lernen. Sogar in die musischen Fächer hat die Leistungsbewertung heute Zugang gefunden, das Fach Werken heißt heute Technik, und auch hier werden nun Tests geschrieben. (Dies ist eine der neuesten Errungenschaften unseres Schulsystems.) Handwerkliches Können und Kreativität werden auch hier gebremst.

Zum Bericht des Lehrers: Der Druck auf die Lehrer hängt vom Kollegium und der eigenen Einstellung ab. Sicher ist im Fach Deutsch die Zensierung besonders schwierig, gemeinsame Korrekturen wären hier ein Ausweg. Und mit vielen Kollegen ist das auch möglich. In Englisch sitzen wir oft gemeinsam über Klassenarbeiten, ganz abgesehen davon, daß alle Arbeiten gemeinsam geplant, geschrieben und zensiert werden. Ich glaube, dieses Problem ist in erster Linie ein Problem des jeweiligen Kollegiums.

Zensieren: Ende des Schuljahres – letzte Arbeit, sagen wir im Fach Biologie. Schreibt der Schüler eine 3, schafft er das Schuljahr und wird versetzt. Schreibt er aber eine 4, bleibt er sitzen. Ein alltäglicher Fall. Ein frustrierender Fall. Was befähigt den

Schüler dazu, weiterzukommen oder sitzenzubleiben? Die eine Note Unterschied in einer Arbeit in einem Nebenfach? Einfach lächerlich!

Abhören: Wen soll ich drannehmen beim Abhören? Jeder tut mir leid. Doch wenn ich es nicht tue, machen sie gar nichts. Dieses wahllose Herausgreifen frustriert beide Seiten, mich und die Schüler. Eben fällt mir noch ein Beispiel für den willkürlichen Charakter von Zensierungen ein, und zwar betrifft es meine eigene Schulzeit: Mein Physiklehrer hatte mir zwei Wochen vor der mündlichen Prüfung erklärt, daß ich nicht damit rechnen müßte, in Physik in die mündliche Abiturprüfung zu kommen. Ich verließ mich darauf, auch darauf, daß ich meine ‚2' im Zeugnis bekam. Am Morgen der Prüfung erfuhr ich von meinem (alten, lieben) Physiklehrer, daß ich doch in die Prüfung mußte. (Er war genauso erschrocken wie ich.) Ich erklärte ihm, daß ich in genau 3 Physikthemen eine Ahnung hätte. In der Prüfung fragte er mich diese drei Themen ab, und ich bekam eine ‚1' im Zeugnis, eine Note, die durch nichts gerechtfertigt war."

(Eine Lehrerin)

„12. Klasse: literarische Erörterung über ein Schiller-Drama; negative Bewertung (5) wegen einer dem Lehrer nicht plausiblen Zentralthese; Protest des Vaters (selbst Deutschlehrer) mit entsprechenden Hinweisen auf Sekundärliteratur; Verbesserung der Note auf 3.

Häufiger Fall beim mündlichen Ausfragen: Note hängt häufig davon ab, wie die zuletzt gestellten Fragen beantwortet wurden.

Mittelmäßiger Schüler ärgert einen Lehrer gegen Ende des ersten Schulhalbjahres; Halbjahresnote 3 (dabei 3 mündliche Noten); Endnote 5 (dabei im 2. Halbjahr 15 mündliche Noten).

Lehrer gibt bei schriftlichen Arbeiten den gewünschten Durchschnitt in den schuleigenen Computer ein und läßt sich den dafür notwendigen Fehler- bzw. Punkteschnitt ausrechnen."

(Ein Lehrer)

Stichwort: Stundenprotokoll „C-Kurs" (S. 43)

„Seitenlang wird man über den ‚heimlichen Lehrplan' informiert – der so tagtäglich in der Schule abläuft – leider, aber es ist so, und dann folgt dieses Stundenbeispiel. Auch hier ist der ‚heimliche Lehrplan‘ vorhanden, aber ganz anders, ganz anders als beschrieben, denn hier kommt einem der Lehrer als der Unterdrückte vor, die Schüler setzen ihren Willen durch.

Ich als Lehrer – man verzeihe mir bitte – versetzte mich sofort in die Rolle des bedauernswerten Lehrers. Ich stellte mir die Frage, welche Gedanken die Pädagogik sich eigentlich macht, solchen bedauernswerten Geschöpfen in diesen Situationen zu helfen. Dieser Lehrer in seiner Isolation hat doch wenig Chancen, seine 30-jährige Schulzeit ohne psychischen Schaden zu überstehen. Was kann er machen?

1. Resignieren, seine Stunden runterschaffen, möglichst innerlich abschalten, um nicht durchzudrehen.
2. Sich engagieren – wird er trotz ständiger Mißerfolge dazu in der Lage sein?
3. Druck ausüben.

Hier gibt es ein weites Aufgabenfeld für die Wissenschaft! Wieso schafft es die Pädagogik nicht, dem Lehrer brauchbare Richtlinien an die Hand zu geben? Liegt das an der ‚Blödheit‘ der Lehrer oder an den von der Realität zu weit entfernten Wissenschaftlern? Denn mögen auch noch so viele wissenschaftliche Werke geschrieben werden, bis zur Schule dringt nur der geringste Teil durch. Denn man muß dem in seinen Gleisen festgefahrenen Lehrer die neuen Lehren auch schmackhaft machen – möglichst einfach darbieten, sonst: keine Chance! Außerdem ändert sich die pädagogische Landschaft ja alle x-Jahre. Diese pädagogischen Wechselbäder schufen ein Klima der Verunsicherung bei den Lehrern. Jeder unterrichtet nur noch so, wie er es für richtig hält. Da man nicht weiß, wie man sich verhalten sollte, wird der ‚Stoff‘ in den Vordergrund gestellt, das pädagogische Klima verkümmert. Die Anforderungen des Lehrplans werden als allgegenwärtiges Alibi genommen aus Angst, seine Arbeit als sinnlos erkennen zu müssen.“

(Eine Lehrerin)

„Der Kommentar geht von einer Voraussetzung aus, die nicht ohne weiteres akzeptiert werden kann. Schweim erklärt die in dem Stundenprotokoll aufgezeigten Verhaltensweisen und Probleme einzig und allein mit der Trennung schulische Situation – Lebenssituation der Schüler. Zu fragen wäre, welche Bereiche denn zu dieser Lebenssituation gehören sollen. Schweim verwendet den Begriff rein plakativ. Er übersieht völlig, daß die Schule für einen Jugendlichen – nach dem Elternhaus – den zweiten ihn entscheidend prägenden Sozialisationsfaktor darstellt. Für einen 15- und 16-Jährigen hat es doch außer Elternhaus und Schule noch keinerlei ‚Lebenssituation' von vergleichbarem Rang gegeben. Schweim interpretiert das Unterrichtsprotokoll lediglich anhand der Diskrepanz zwischen den Interessen der Schule und den Interessen der Schüler, wobei letztere aus einer von Schweim nicht näher erläuterten Lebenssituation stammen sollen. Er übersieht dabei völlig, daß

a) die Schule ein ganz zentraler Bestandteil der Lebenssituation eines Schülers ist;
b) die Schule von gesamtgesellschaftlichen Anforderungen geprägt ist, denen jeder Jugendliche – auch außerhalb der Schule – unterliegt. Der Leistungsdruck der Schule ist doch keine reine Erfindung der Schule selbst!

Das Stundenprotokoll zeigt meiner Ansicht nach sehr deutlich auf, was ein Schulsystem, das ganz einseitig auf dem bürgerlichen Auslesekriterium ‚Intelligenz' beruht, aus denjenigen Jugendlichen macht, die nach ihren Fähigkeiten, Begabungen und Interessen ganz anders gefördert und gefordert werden müßten. Der Unterrichtsverlauf läßt erkennen, daß die vom Lehrer geforderte rein gedankliche Auseinandersetzung mit einem vorgegebenen Problem von den Schülern nicht geleistet werden kann, was man ihnen mit der Einordnung in den C-Kurs bereits bestätigt hat. Das Sadistische an der Situation ist nun, daß die Schüler bezüglich des Unterrichtsgegenstandes wie des Ablaufs Ansprüchen gerecht werden sollen, denen sie – siehe C-Kurs – nicht genügen können."

(Ein Lehrer)

Stichwort: Schule: Eine totale Institution? (S. 65)

„Schule war für mich nie zentral. Mein Leben spielte sich nach der Schule ab: Geige und Basketball, das war mein Leben. Die Schule ist demgegenüber im Hintergrund geblieben. Angepaßt waren wir alle – durch die Bank weg. Denn, wenn es in der Schule Ärger gab, gab es zu Hause noch einmal Ärger. Unterstützung gegen den Lehrer gab es nicht. Man hat auch nicht über die Situation nachgedacht, man nahm sie gottergeben hin, man wurde auch nicht zur Kritik erzogen, weder in der Schule, noch im Elternhaus.

Privilegiensystem: Ich wurde insofern oft privilegiert behandelt, als ich für die Schule durch mein Geigenspielen recht nützlich war. Als gute Geigerin kannten mich alle Lehrer und Rektoren. Orchestermusiker hatten es zum Beispiel leichter, wenn es mal um eine Versetzung ging. Aber wir hatten auch genügend Nachteile: Ständig Proben unter einer hysterischen Lehrerin mit hohem Anspruchsniveau.

Anstaltszeremonien: Eigentlich nur die alljährlichen Abschlußfeiern. Abiturientinnen hatten in Schwarz zu erscheinen. (Warum trauerten wir eigentlich?) Alle Schüler saßen da und langweilten sich entsetzlich, wahrscheinlich genauso wie die Lehrer und Eltern. Für wen wurde das inszeniert?

Ein Freund von mir besuchte während seiner 9-jährigen Zeit im Gymnasium ein Internat. Natürlich muß man grundsätzlich unterscheiden, ob es sich um das rein schulische Leben handelt oder um das Internat. Doch bei ihm existierte ein starkes Privilegiensystem, das eindeutig zur Sicherung der Gehorsamsleistung diente:

- im Auto des Lehrers mitfahren dürfen (immer dieselben),
- als älterer Schüler zur Aufsicht herangezogen werden (diente der Machtausübung über jüngere)
- Verwaltungsaufgaben im Sinne von Sammlungen verwalten etc.

Eine *Depersonalisierung* erlebte mein Freund insofern, als Schüler nicht mehr als Person ernst genommen wurden, sondern wegen ihres Dialekts oder anderer Unzulänglichkeiten lächerlich gemacht wurden. Es kam vor, daß Schüler nur noch als ‚der Bauer' oder ‚der xy (Ort)' benannt wurden.

Heute: Anpassungsstrategien:

Die größte Gruppe der Schüler an meiner Schule ist durch *‚Kolonisierung'* gekennzeichnet, d.h. sie führen im Rahmen ihrer Möglichkeiten eine relativ zufriedene Existenz an unserer Realschule. (Zugute kommt ihnen vielleicht da, daß im benachbarten Gymnasium ein ziemlicher Leistungsdruck herrscht, von dem unsere Schüler wahre Horrorgeschichten zu Ohren bekommen). Diese relativ zufriedene Gruppe muß man nochmals unterteilen: Die jüngeren Schüler sind oftmals richtig begeistert, sie arbeiten gern und eifrig mit. Und bei vernünftiger Führung sind auch solche Phänomene wie Schadenfreude und Sündenbock in den Griff zu bekommen. Aber ab dem 8. Schuljahr etwa geht es los: Viele Schüler verfallen in Apathie. Es ist ein Jammer – irgendwie schaffen wir Lehrer den Übergang vom Kindsein zum Erwachsensein der Schüler nicht. Irgendwie geht uns hier der Faden verloren. Selbst wenn ich persönlich blendend mit den Schülern auskomme, passiert es, daß der Unterricht in gähnende Langeweile versinkt. Was für ein langweiliges Zeug muß ich den Kindern auch eintrichtern, daß sie ihre ‚Mittlere-Reife-Prüfung' bestehen. Ich kann ihnen ihre Apathie oft nicht verdenken. Eines der Grundübel liegt in den großen Klassen. Seit diesem Schuljahr haben wir die 10. Klassen geteilt (im Fach Englisch – und die Motivation war erheblich größer).

(Ich glaube, ich bin abgeschweift ...)

Anstaltszeremonien:

Schulfeste, die spätestens alle 2 Jahre stattfinden (müssen). Eigentlich ein Krampf. Dem Rektor stinkt's (der kommt aus der DDR und hält nichts von organisierten Festen), den Lehrern stinkt's (weil es ihre Freizeit kostet), oft stinkt's auch den Schülern (weil sie die Arbeit fürchten). Also für wen das Ganze? Wegen eines kleinen Teils der Schüler (die Interessierten), weil es die Tradition verlangt (war schon immer so), weil andere Schulen in der Umgebung das auch machen (da kommen dann die angenehmen Vergleichsprozesse), und weil die Stadt, die ja immerhin einiges in die Schule investiert, das erwartet. Und dann das Fest: Hektik, Gedrängel, nach 2 Stunden spätestens ist die mühsam aufgebaute Fassade dahin (Dreck, wohin man schaut).

Und als Lehrer ist man ständig in Panik, weil irgendwelche Schüler oder Jugendliche einen angetrunkenen Eindruck machen. ‚Trinken' ist überhaupt eine ziemlich wichtige Sache bei den Schülern. Auf privaten Parties wird viel getrunken (wie man mir oft bestätigte). ‚Zu' (etwas, was ich bis heute noch nicht richtig geschafft habe – aber vielleicht ist das auch ein Defizit) waren viele schon öfter. (Neulich ist bei uns ein Dreizehnjähriger in angetrunkenem Zustand auf einen Hochspannungsmast geklettert – er war sofort tot.) ‚Trinken' und ‚Rauchen', das ist der Protest der Nicht-Angepaßten, durchaus auch der, die nachdenken. Anders können sie sich noch nicht artikulieren."

(Eine Lehrerin)

Literaturverzeichnis

Argyle, M.: Soziale Interaktion. Köln 1972

Bernfeld, S.: Sisyphos oder die Grenzen der Erziehung. Frankfurt 1973

Betrifft: Erziehung: Der heimliche Lehrplan. 5/1973

Brophy, J., E., Good, T., L.: Die Lehrer-Schüler-Interaktion. München-Berlin-Wien 1976

Brunner, E., J., Rauschenbach, Th., Steinhilber, H.: Gestörte Kommunikation in der Schule. Analysen und Konzepte eines Interaktionstrainings. München 1978

Charlton, M., Dauber, H., Preuß, O., Scheilcke, Ch., Th.: Innovation im Schulalltag. Reinbek bei Hamburg 1975

Fend, H., u.a.: Über Rowdy- und Mogelfaktor, Unordentlichkeits- und andere Syndrome. In: betrifft: erziehung, 11/1975

Fürstenau, P.: Zur Psychoanalyse der Schule als Institution. In: Das Argument, 6/1964

Geulen, D.: Das vergesellschaftete Subjekt. Zur Grundlegung der Sozialisationstheorie. Frankfurt 1977

Goffman, E.: Wir alle spielen Theater. Die Selbstdarstellung im Alltag. München 1969

Goffman, E.: Verhalten in sozialen Situationen. Strukturen und Regeln der Interaktion im öffentlichen Raum. Gütersloh 1971

Goffman, E.: Asyle: Über die soziale Situation psychiatrischer Patienten und anderer Insassen. Frankfurt 1973

Hagemann-White, C., Wolff, R.: Wie's in der Schule wirklich aussieht. In: betrifft: erziehung, 8/1975

Hartwig, H.: Ein Vormittag in der Hauptschule. Schulische Lern- und Aneignungsformen und die Planungsrationalität didaktischer Modelle. In: Ästhetik und Kommunikation, 20/1975

Hänsel, D., Nyssen, E.: Hauptschulunterricht: Wie die Restschule sozialisiert. In: betrifft: erziehung, 8/1975

Heinze, Th.: Unterricht als soziale Situation. Zur Interaktion von Schülern und Lehrern. München 1976

Henry, J.: Lernziel Entfremdung. Analyse von Unterrichtsszenen in Grundschulen. In: Zinnecker, J. (Hg.): Der heimliche Lehrplan. Weinheim/Basel 1975

Hurrelmann, K. (Hg.): Soziologie der Erziehung. Weinheim/Basel 1974

Hurrelmann, K.: Erziehungssystem und Gesellschaft. Reinbek bei Hamburg 1975

Hurrelmann, K.: Soziale Koordinaten des Disziplinproblems. In: betrifft: erziehung, 11/1975

Jackson, Ph., W.: Einübung in eine bürokratische Gesellschaft: Zur Funktion der sozialen Verkehrsformen im Klassenzimmer. In: Zinnecker, J. (Hg.): Der heimliche Lehrplan. Weinheim/Basel 1975

Kluge, N. (Hg.): Das Lehrer-Schüler-Verhältnis. Darmstadt 1978

Krappmann, L.: Soziologische Dimensionen der Identität. Strukturelle Bedingungen der Teilnahme an Interaktionsprozessen. Suttgart 1969

Merkens, H., Seiler, H.: Interaktionsanalyse. Stuttgart-Berlin-Köln-Mainz 1978

Mollenhauer, K.: Theorien zum Erziehungsprozeß. München 1972

Mollenhauer, K.: Sozialisation und Schulerfolg. In: Deutscher Bildungsrat: Begabung und Lernen. Gutachten und Studien der Bildungskommission. Stuttgart 1968

Negt, O.: Schule als Erfahrungsprozeß. In: Keine Demokratie ohne Sozialismus. Über den Zusammenhang von Politik, Geschichte und Moral. Frankfurt 1976

Neumann, G., Stiehl, H.: Unterricht als kommunikatives Handeln. Hannover 1976

Oevermann, U.: Sprache und soziale Herkunft. Frankfurt 1972

Ortmann, H.: Arbeiterfamilie und sozialer Aufstieg. München 1971

Projektgruppe Jugendbüro und Hauptschülerarbeit: Die Lebenswelt von Hauptschülern. München 1975

Reinert, G.-B., Zinnecker, J. (Hg.): Schüler im Schulbetrieb, Reinbek bei Hamburg 1978

Rolff, H.-G., Nyssen, E.: Sozialisation und Auslese durch die Schule. Heidelberg 1972

Schneider, P.: Bericht über eine Berliner Volksschule. In: Kursbuch, 24/1971

Teichler, K.: Eine Stunde im C-Kurs. In: betrifft: erziehung, 11/1975

Tillmann, K.-J.: Soziale Erfahrungen im Schulunterricht. Oder: Siegfried Bernfeld als Unterrichtsforscher. In: betrifft: erziehung, 9/1974

Ulich, D.: Pädagogische Interaktion. Theorien erzieherischen Handelns und sozialen Lernens. Weinheim/Basel 1976

Wellendorf, Fr.: Schulische Sozialisation und Identität. Weinheim/Basel 1973

Zinnecker, J. (Hg.): Der heimliche Lehrplan. Weinheim/Basel 1975

Sachverzeichnis